MEXIKO

KÜCHEN DER WELT

MEXIKO

JULIA FERNANDEZ

Originalrezepte und Interessantes
über Land und Leute
Rezeptfotos: Michael Brauner

USA
Sonora
Chihuahua
Baja California
Coahuila
Sinaloa
Nuevo León
Durango
Zacatecas
Tamaulipas
San-Luis-Potosi
Nayarit
1
2
3
Jalisco
Hidalgo
Michoacán
Colima
1
2
3
Puebla
Veracruz
Tabasco
Guerrero
Oaxaca
Chiapas
Yucatán
Quintana Roo
Campeche
Belize
Guatemala
N
0 100 200 300 400 km
Golf von Mexiko
Pazifischer Ozean
Der Norden
Zentrales Hochland
Mexiko City
1 México, 2 Tlaxcala, 3 Morelos
Zentralmexiko
1 Aguascalientes, 2 Guanajuato, 3 Querétaro
Die Landenge von Tehuántepec
Die Westküste
Der Süden

INHALT

MEXIKO: ERLEBEN & GENIESSEN

Mexiko, das faszinierende mittelamerikanische Land, hat seit seiner Entdeckung durch die Spanier im frühen 16. Jahrhundert die Alte Welt nicht mehr losgelassen: versunkene Kulturen mit geheimnisvollen, vom Regenwald überwucherten Ruinen, schneebedeckte Vulkane, einsame Kakteenwüsten und traumhafte Strände – Mexiko ist ein Land voller Gegensätze.

Überall werden Besucher herzlich empfangen, denn die Mexikaner sind ein gastfreundliches und geselliges Volk. Sie lachen gerne und viel, obwohl, oder gerade weil, das Leben oft nicht einfach ist. Dem durchreisenden Touristen bleibt jedoch meist die Armut des Landes hinter der mexikanischen Fröhlichkeit, den bunten Märkten und ausgelassenen Festen verborgen.

Das Zentrum des größten spanischsprachigen Landes der Welt ist Mexiko City, die pulsierende Hauptstadt, die im zentralen Hochland liegt. An den zahlreichen kleinen Imbißständen, die hier wie überall in ganz Mexiko zum typischen Stadtbild gehören, merkt man sofort, daß die Mexikaner auch gerne außer Haus essen. Die Verkäufer bieten die verschiedensten Köstlichkeiten an, z. B. gegrillte Maiskolben oder Tortillas in jeder Form. Die dünnen Teigfladen aus Mais- oder Weizenmehl werden gefüllt, gerollt, gebraten oder gebacken, und jede Variante hat ihren eigenen Namen. Es ist deshalb eine Wissenschaft für sich zu unterscheiden, ob man eine Enchilada, ein Burrito oder eine Quesadilla vor sich hat. Ihre Schärfe haben sie – wie fast alle mexikanischen Gerichte – durch die vielverwendeten Chilischoten, die Chiles. Es gibt etwa 80 verschiedene Sorten der unterschiedlichsten Schärfegrade. Um die würzige Schärfe zu mildern und zugleich den Durst zu stillen, muß man glücklicherweise nicht weit gehen.

Die bunten Agua frescas, Erfrischungsgetränke aus püriertem Obst und Wasser, werden an kleinen Straßenständen überall angeboten.

Wer das Glück hat, eine echte Fiesta mitzuerleben, kann erst recht in kulinarischen Genüssen schwelgen. Besonders schön ist es, wenn Sie zu einer privaten Fiesta eingeladen werden. Aber auch bei den vielen öffentlichen Festen, die die Mexikaner meist auf dem Zocalo, dem zentralen Hauptplatz, den es in jedem Dorf und jeder Stadt gibt, feiern, werden landestypische Spezialitäten angeboten. Mariachi-Kapellen in ihren mit Silberknöpfen verzierten Trachten und ausladenden Hüten spielen dazu und singen mitreißende Lieder. Junge Leute in traditionellen Kostümen tanzen Volkstänze vor dem begeisterten Publikum. Dieses Buch möchte ihnen das interessante, abwechslungsreiche Land Mexiko und seine phantasievolle Küche nahebringen. Das erste Kapitel erzählt Ihnen Wissenswertes über die Landschaften und Städte der einzelnen Regionen, ihre Menschen, Traditionen, Feste und kulinarischen Spezialitäten. Danach folgen die Rezeptkapitel, die ausschließlich Originalrezepte enthalten. Durch die genauen Schritt-für-Schritt-Beschreibungen sind die köstlichen Gerichte leicht nachzukochen. Tips, Informationen und Varianten ergänzen die mit appetitanregenden Farbfotos bebilderten Rezepte. Ein ausführliches Glossar und typische Menüzusammenstellungen runden das Buch ab. Viel Spaß beim Kochen und »que aproveche« – guten Appetit!

LAND & LEUTE LADEN EIN ...

Wer an der Plaza de las Tres Culturas, dem Platz der drei Kulturen, in der quirligen Metropole Mexiko City steht, sieht Tempelruinen der aztekischen Ureinwohner, eine Kirche im spanischen Kolonialstil und einen modernen Hochhauskomplex unmittelbar nebeneinander liegen. Nirgendwo sonst kann man die Verbindung indianischer und spanischer Elemente zur mexikanischen oder Mestizen-Kultur schneller erfassen. Diese Synthese findet sich auch in der traditionellen mexikanischen Küche wieder, die die kulinarischen Traditionen der Alten und der Neuen Welt auf einzigartige Weise verbindet.

Die Indianervölker ernährten sich vor der spanischen Eroberung überwiegend vegetarisch, mit Mais, Kartoffeln, Bohnen, Kürbis, Tomaten und Chilischoten. Fleisch und Fisch wurden eher selten gegessen, da sie nur wenig Truthähne züchteten und Jagd und Fischfang keine regelmäßige, sondern eher sporadische Beute lieferten. Erst die spanischen Invasoren, die im 16. Jahrhundert nach Mexiko kamen, führten die Tierzucht im großen Stil ein. Die Spanier brachten neben Rindern, Schweinen und Geflügel auch Getreide, Früchte, Gewürze und Käse aus ihrer Heimat mit. Nach und nach vermischten sich ihre kulinarischen Gewohnheiten mit denen der Indianer. Diese im Laufe der Jahrhunderte entstandene faszinierende Mischung ist es wohl, die den besonderen Reiz der mexikanischen Küche ausmacht.

Mexiko, das im Norden an die USA und im Süden an Guatemala und Belize grenzt, umfaßt ein Gebiet, das knapp sechsmal so groß ist wie Deutschland. Das Land, das in 32 Bundesstaaten unterteilt ist, hat eine sehr vielseitige geographische Struktur, und die sich daraus ergebenden unterschiedlichen Klimabedingungen bilden die ideale Basis für ein üppiges Angebot an landwirtschaftlichen Produkten. Schon in vorspanischer Zeit gab es einen regen Güteraustausch zwischen den Regionen und durch die Vielfalt der Zutaten sehr phantasievolle Gerichte. Die Küstengebiete profitieren von den Schätzen der Meere. Dort werden Fische und Meeresfrüchte mit großer Sorgfalt und Raffinesse zubereitet. Für Fleischspezialitäten ist besonders der Norden bekannt. Auf den Hochebenen werden Rinder gezüchtet, deren Fleisch von hervorragender Qualität ist. Gemüse und Obst wird überwiegend in Zentralmexiko angebaut. Das Angebot reicht von Avocados bis Zucchini, vor allem aber erntet man Mais und Bohnen, die beiden traditionellen Nahrungsmittel. Dazu kommen im Süden Früchte von unglaublicher Sortenvielfalt: Mangos, Ananas, Papayas, Bananen, Kokosnüsse, Guaven – die Auswahl ist einfach paradiesisch.

Auf dem Zocalo in Mexiko City, dem Hauptplatz, werden vor der großen Kathedrale Obst und Gemüse, aber auch Handarbeiten und Souvenirs verkauft.

Mexiko City – pulsierendes Herz des Landes

Um das Jahr 1345, so heißt es, gründete ein Aztekenstamm, der sich Mexica nannte, auf einer Insel im heute ausgetrockneten Texcoco-See die Stadt Tenochtitlán. Die frühen Bewohner nannten sie »das Herz der einzigen Welt«, später wurde Mexiko City daraus, heute mit gut 20 Millionen Einwohnern eine der größten Städte der Welt. Der Distrito Federal (D.F.), wie die Mexikaner ihre Hauptstadt nennen, liegt 2240 m hoch im Hochtal von Anahuác, umgeben von Hügeln und Bergketten, die man jedoch nur an den wenigen klaren Tagen erkennen kann. Die Probleme von Mexico City mit Smog und Überbevölkerung sind wohlbekannt. Doch auch die schlimmsten Zahlen und Nachrichten konnten niemals die Faszination schmälern, die diese von Leben, Temperament und Geschäftigkeit pulsierende Stadt ausstrahlt.

Den Mittelpunkt der quirligen Stadt bildet der »Zocalo«, nach dem Roten Platz in Moskau der zweitgrößte Platz der Welt. Rund um den Platz mit seinem bunten Gewimmel von Menschen, von Zeitungs-, Eis- und Souvenirverkäufern liegen wichtige Sehenswürdigkeiten: auf einer Seite die größte Kathedrale Lateinamerikas, die im mexikanischen Barockstil erbaut wurde. Östlich davon, nur einen Steinwurf entfernt, steht man vor den Ausgrabungen des »Templo Mayor«, des Haupttempels der Azteken. Der riesige Palacio Nacional zieht sich über eine ganze Querseite des Platzes hin. Hier ist der Regierungssitz des Präsidenten mit wichtigen Ministerien. Über dem Eingang des Palacios hängt die Freiheitsglocke, die daran erinnern soll, daß am 15. September 1810 der Unabhängigkeitskampf gegen das spanische Mutterland begann, der elf Jahre dauerte. Der 15. September ist ein Nationalfeiertag und wird alljährlich mit dem größten aller mexikanischen Feste gefeiert.

Rund um den Zocalo liegt außerdem das Centro Historico mit seinen prachtvollen Adelspalästen und barocken Kirchen. Im »Palacio de bellas artes«, einem wunderschönen Jugendstil-Bau, der gleichzeitig als Opernhaus und Museum dient, werden mindestens einmal pro Woche traditionelle Folklore-Tänze aus dem ganzen Land dargeboten, die Sie sich unbedingt ansehen sollten. Ein Anziehungspunkt ist auch die Plaza Garibaldi, auf der abends zahlreiche Mariachi-Gruppen, mexikanische Straßenmusikanten, spielen, und der bereits erwähnte Platz der drei Kulturen, auf dem am 13. August zum Gedenken an die alte Hauptstadt Tenochtitlán getanzt und gefeiert wird. Der Stadtteil Polanco und die Zona Rosa sind der moderne Teil der Stadt. Hier gibt es unzählige Geschäfte, Luxushotels, Galerien, große und kleine Restaurants, Bars und Nightclubs.

Ein typisches Sonntagsvergnügen ist ein Ausflug zum südlichen Stadtteil Xochimilco, dem »Ort der Blumenfelder«, mit einem Labyrinth von Kanälen und Seen. Dort können Sie auf buntgeschmückten Kähnen über das glitzernde Wasser gleiten, wie die mexikanischen Freundescliquen und Familien ein mitgebrachtes Picknick genießen oder sich von schwimmenden Imbißbooten mit gegrillten Maiskolben, Tortillas und Getränken versorgen. Mariachi-Gruppen gehen von Kahn zu Kahn, spielen und singen um die Wette und sorgen für ausgelassene Stimmung. Ähnlich bunt und fröhlich geht es auf den Märkten zu, die über die ganze Stadt verteilt sind und sich noch viel von ihrer indianischen Tradition bewahrt haben. Besonders schön ist »La Merced« auf dem Platz des ehemaligen Großmarkts mit Tausenden von Ständen. Dort tut sich eine lebendige und farbenfrohe Welt auf: Sämtliche Gemüsesorten und Früchte des Landes, oft liebevoll arrangiert, sind hier zu haben. Es gibt eigene Abteilungen für Würz- und Heilkräuter, für Fleisch, Geflügel und Fisch. In kleinen Lokalen kann man dort, an einfachen Tischen und Theken sitzend, den Trubel hautnah miterleben und preiswerte Gerichte genießen.

Die Küche der mexikanischen Hauptstadt hat zwar keine eigenen, einzigartigen Spezialitäten aufzuweisen, doch ist sie berühmt für die Vielfalt und das hohe kulinarische Niveau der hier angebotenen Speisen. Vor allem im Zentrum gibt es eine Vielzahl kleiner, preiswerter Familienrestaurants, die fast alle empfehlenswert sind.

Ein aztekischer Tänzer führt mitten auf dem Zocalo einen traditionellen Tanz vor.

Ein Sonntagsausflug nach Xochimilco ist bei jung und alt beliebt. In bunten Kähnen genießt man die Fahrt über das Wasser.

Ein Relief-Detail an der Quetzalcoatl-Pyramide von Xochicalco. Diese Anlage steht im Südwesten von Mexiko City.

Die Umgebung von Mexiko City

Teotihuacan, heute die größte Ruinenanlage des Landes, war vermutlich die erste Stadt der Neuen Welt. Ihre Blütezeit erlebte sie zwischen 350 und 650 n.Chr. Etwa 200 000 Menschen lebten damals in diesem größten und wichtigsten Handelszentrum des Landes. Warum die Stadt zwischen 650 und 750 n. Chr. zerfiel, liegt im dunkeln. Für die Azteken, die um 1200 aus dem Nordosten Mexikos einwanderten, war die Ruinenstadt ein mystischer und heiliger Ort. Sie liegt nordöstlich von Mexiko City, nur eine knappe Autostunde entfernt. Hier stehen die berühmte Sonnenpyramide und die Mondpyramide, der Tempel des Quetzalcóatl mit seinen kunstvollen Skulpturen und Reliefs, der prächtige Jaguarpalast und der Palast von Tepantitla.

Auch in Tula, der etwa 100 km nördlich von Mexiko City gelegenen Ruinenstätte, lohnt sich ein Besuch. Das Zeremonialzentrum liegt auf einem Hügel, wo man die berühmten, fast 4 m hohen Kolossalstatuen, die »Atlanten«, bestaunen kann. Sie trugen einst das Dach des Tempels.

Puebla, die Hauptstadt des gleichnamigen Bundesstaates, wurde 1531 von den Spaniern gegründet. Sie liegt südöstlich von Mexiko City in einem fruchtbaren Hochtal. Puebla, das ein angenehm kühles Bergklima besitzt, ist ein wichtiges Industriezentrum, Universitätsstadt und Bischofssitz zugleich. Ein Besuch dieser schönen Stadt lohnt sich besonders wegen ihres intakten historischen Stadtkerns mit den farbenfrohen Kolonialbauten. Dort steht auch die zweitgrößte Kathedrale Mexikos, die zu den schönsten des Landes zählt. Doch auch in kulinarischer Hinsicht ist diese Stadt einen Besuch wert, denn Puebla gilt als Geburtsstätte der mexikanischen Küche. Hier, so heißt es, verbanden die Nonnen der zahlreichen Klöster als erste geschickt die Traditionen spanischer und indianischer Kochkunst. So stammt auch eine der be-

Blick auf Tasco. Im Vordergrund die wunderschöne Kirche Santa Prisca aus dem 18. Jh.

rühmtesten Saucen der mexikanischen Küche von hier, die klassische Mole poblano. Sie soll im Kloster Santa Rosa, in dem sich heute das Volkskunstmuseum befindet, entstanden sein. Eine Version der vielen unterschiedlichen Legenden erzählt, daß der Bischof eines Tages dem Kloster einen Besuch abstattete. Da ihm die Nonnen etwas ganz Besonderes vorsetzen wollten, aber nicht wußten, was, schickten sie in ihrer Verzweiflung ein Stoßgebet zum Himmel und fingen dann an, einfach alles, was sie in der Küche fanden, fein zu mahlen und zu einer Sauce zu verarbeiten. Dann wurde die unter himmlischem Beistand entwickelte Sauce über den vorbereiteten Truthahn gegossen und dem hohen Würdenträger etwas bange vorgesetzt. Der Bischof war Gott sei Dank so davon begeistert, daß er die Mole poblano, die als besondere Zutat Schokolade enthält, sogleich zum Nationalgericht erklärte. Sie wird heute noch meist mit Truthahn oder Huhn serviert, dazu gibt es natürlich Tortillas. Inzwischen sind viele Variationen von Moles entstanden, die man auch zu anderem Fleisch und Geflügel reicht. Auch andere beliebte Köstlichkeiten stammen aus Pueblas Klosterküchen, wie der Rompope, ein dickcremiger Eierlikör, und Camotes, ein Konfekt aus Süßkartoffeln.

Taxco (sprich Tasko), die romantische denkmalgeschützte Stadt, liegt südwestlich von Mexiko City eingebettet in grünes Bergland. Der herausragende Mittelpunkt des kleinen Ortes ist die im Kolonialstil erbaute Kathedrale »Santa Prisca«, umgeben von malerischen Gassen und kleinen weißen Häusern mit rotgedeckten Dächern.

Taxco ist auch als die »Silberstadt« bekannt, denn sie ist das Zentrum des Silberbergbaus und der Silberverarbeitung, und überall in der Stadt kann man schönen Schmuck kaufen. Nach einem Rundgang durch die Stadt kann man sich auf der Terrasse eines Restaurants gegenüber der Kathedrale bei einer Bertha, einem Getränk mit Limonade und Tequila, entspannen. Weitere Spezialitäten der Gegend sind in Blättern gegartes Hammelfleisch, Barbacoa genannt, und – für Europäer sehr ungewöhnlich – Leguan-Ragout. In der Semana Santa, der Karwoche, die in ganz Mexiko aufwendig gefeiert wird, ziehen Prozessionen durch die Stadt, die bis tief in die Nacht dauern – ein beeindruckendes Erlebnis, das Sie nicht versäumen sollten.

Die Kirche Santo Domingo in Puebla gehört zu den Prachtstücken barocker Kirchenarchitektur in Mexiko.

Creel, Chihuahua, ist der Ausgangspunkt für die Eisenbahnfahrt hinunter in den Kupfercanyon. In dem verschlafenen kleinen Ort warten vier Männer geduldig an der Bahnstation. Ihre Kleidung – Jeans und Cowboyhut – ist typisch für diesen Teil des Nordens.

Der Norden

Riesige Viehherden, endlose Weizenfelder, bizarre Kakteenwälder und Wüste: die rauhen Schreie einiger Vaqueros, der mexikanischen Viehtreiber, in der sonst menschenleeren Landschaft beim Zusammentreiben der Rinder; abends »Wildwest-Romantik« bei einem Lagerfeuer mit Bohnen, Rindfleisch und Weizentortillas: Das ist das Bild, das viele sich vom Norden Mexikos machen. Das Gebiet ist geographisch nicht leicht zu definieren. Zu den (riesigen) nördlichen Bundesstaaten werden Chihuahua, Coahuila, Durango, Nuevo Léon und Tamaulipas gezählt. Die Halbinsel Baja California und die Staaten Sinaloa und Sonora nehmen eine Zwitterstellung ein, da sie sowohl Nordstaaten als auch Pazifikanrainerstaaten sind.

Die Landstriche der kalifornischen Halbinsel, die abseits der Pazifikküste liegen, sind noch kaum für den Tourismus erschlossen. So gilt die wilde, karge Wüsten- und Kakteenlandschaft im Inneren der Baja California, die durch den langgestreckten Golf von Kalifornien vom Festland getrennt ist, als Geheimtip für Globetrotter, Ruhesuchende und Naturliebhaber. Seit einigen Jahren kann man die Insel auf der durchgehend asphaltierten

»Mex 1«-Straße von Tijuana im Norden, an der Grenze zu den USA, nach Cabo San Lucas im Süden durchfahren und dabei sein privates Abenteuer erleben. Der Norden der Halbinsel ist dank moderner Bewässerungstechnik Mexikos bedeutendstes Weinbaugebiet – von hier stammt der preiswerte, bekömmliche Tischwein, den man überall im Land bekommt. Der Südteil der Halbinsel ist dagegen für seine traumhaften Strände bekannt. Von La Paz, der Hauptstadt des Südteils der Baja California, setzt eine Fähre über den Golf von Kalifornien nach Los Mochis über. Dieser Küstenort ist der Ausgangspunkt der interessantesten Eisenbahnstrecke Mexikos. Die 13stündige, halsbrecherische Fahrt, die durch die unwegsame Sierra Madre Occidental durch tiefe Schluchten und Buschland, vorbei an Zuckerrohrfeldern und Rinderzuchtweiden, durch bewaldete Hügellandschaft und durch den grandiosen Kupfer-Canyon, die Barranca del Cobre, nach Chihuahua führt, ist und bleibt ein unvergeßliches Erlebnis. Im Bundesstaat Chihuahua (sprich: Tschiwawa), aus dem die gleichnamigen winzigen Hunde stammen, leben viele Nachfahren deutscher Einwanderer, darunter die strenggläubigen Mennoniten, deren köstlicher Käse – riesige Räder – im ganzen Land geschätzt wird. Da er gut schmilzt, wird er gerne als Füllung für Quesadillas, Chiles und Chilischoten genommen. Auch die Bundesstaaten Sonora, Coahuila und Durango sind für ihre guten Milchprodukte bekannt.
Die große, weite Landschaft des Nordens wird eingerahmt von den Bergketten der Sierra Madre Occidental im Westen und der Oriental im Osten. Dazwischen liegen Wüsten, aber auch durch Bewässerung fruchtbare Gegenden, die landwirtschaftlich intensiv genutzt werden, vor allem für den Weizenanbau. Tortillas werden deshalb in Nordmexiko überwiegend aus Weizenmehl hergestellt. Als die Spanier ihre Rinder mit in die Neue Welt brachten, vermehrten sie sich auf den endlosen Grasflächen des Nordens sehr schnell. Bis heute spielt die Viehzucht für die Wirtschaft wie für die Küche Mexikos eine gleichermaßen wichtige Rolle. Das Rindfleisch, das von erstklassiger Qualität ist, wird hier auf besondere Art geschnitten, gesalzen und getrocknet. Man nennt es Cecina und verwendet es zum Grillen oder als Tortillafüllung. Machada ist eine weitere Variante von getrocknetem, raffiniert gewürztem Fleisch. Es wird, in dünne Streifen geschnitten, gerne zu Rühreiern gegessen. Im Osten, wo Klima und Boden zu trocken für die Viehzucht sind, hält man die anspruchsloseren Ziegen. In Monterrey ist am Spieß gegrilltes Zicklein mit Weizen-Tortillas und Frijoles borrachos, mit Bier zubereiteten Bohnen, eine beliebte Spezialität.

Zwei Frauen vom Stamm der Tarahomara flechten und verkaufen Körbe an der Bahnstation Divisadero in der Sierra Madre.

Die Fischer auf dem Patzcuaro-See fischen traditionellerweise mit Schmetterlingsnetzen. Im Hintergrund ist die Insel Janitzio zu sehen.

Zentralmexiko

Im zentralmexikanischen Hochland hat die spanische Kolonialzeit das Bild der Städte besonders deutlich geprägt – manchmal könnten Sie wirklich glauben, in Spanien selbst zu sein. Die Städte Zentralmexikos sind allesamt sehenswert, wie z. B. das romantische Guanajuato, das im gleichnamigen Bundesstaat liegt. Es ist eine wichtige Universitätsstadt, in der man das wohl schönste Marktgebäude Mexikos findet. Die 1910 nach Plänen von Alexander von Eiffel erbaute Markthalle bietet auf zwei Stockwerken ein verlockendes Angebot an Lebensmitteln, Kunsthandwerk und Textilien. Der berühmte Freskenmaler Diego de Rivera wurde in Guanajuato geboren – im Geburtshaus kann man seine Werke sehen. Alljährlich im Oktober gibt es in der Stadt auch ein internationales Theater- und Kulturfestival, für das sich die engen Gassen und kleinen Plätze Guanajuatos gut als Kulisse eignen.

Guadalajara, die Hauptstadt des Bundesstaates Jalisco – im Westen Zentralmexikos –, ist die zweitgrößte Stadt des Landes und hat doch durch ihren kolonialen Stadtkern den Charme einer Provinzstadt bewahrt. Die Kathedrale auf dem Zocalo leuchtet mit ihrer gelben Kuppel hinter den Lorbeerbäumen hervor, unter denen die Leute sonntags spazierengehen. Auf den Plazas erklingt Mariachi-Musik, und wenn man Glück hat, kann man den fröhlichen Tanz »Jarebe tapatio« miterleben.

Ein kultureller Anziehungspunkt sind die Wandmalereien von Clemente Oroczo, die im Rathaus und im ehemaligen Waisenhaus der Stadt erhalten sind.

Guadalajara ist auch die Wiege der Charros, der mexikanischen Cowboys, deren ausladende Sombrerohüte weltbekannt sind. Ihre festliche dunkle Tracht ist kunstvoll mit Silber bestickt und wird bei der Charreada getragen, einem Wettkampf, der dem amerikanischen Rodeo gleicht und jeden Sonntag stattfindet. Dabei wird viel gesungen, und besonders die Paraden am Ende des Wettkampfes sind äußerst sehenswert. Am 12. Oktober wird hier das Fest der Virgen de Zapopan gefeiert, und die große Fiesta de Octubre, das Oktoberfest, dauert ganze vier Wochen. Will man nach Herzenslust einkaufen, geht man am besten zum Mercado libertad, dem größten überdachten Markt von Mexiko. Dort können Sie sich auch in zahlreichen kleinen Restaurants mit mexikanischen Spezialitäten verwöhnen lassen.

Nicht weit von der Stadt entfernt liegt der ausgedehnte Chapala-See, an dessen Ufern man in den vielen malerischen kleinen Orten Bratfischchen, Charalitos genannt, probieren kann. Ob Sie die hier angebotenen Gusanos de maguey, die Agavenwürmer, mögen, die ähnlich knusprig wie Chips sind, ist allerdings Geschmackssache. Wer mutig genug ist, sie zu probieren, trinkt am besten dazu das bekannteste Getränk Jaliscos, den Tequila. Dieser Schnaps wird in dem kleinen gleichnamigen Städtchen aus dem vergorenen Saft einer dort heimischen Agave hergestellt und ist längst über die Grenzen Mexikos hinaus berühmt und beliebt.

Im Bundesstaat Michoacán liegt der ruhige kleine Patzcuaro-See, umgeben von Bergen und Wäldern. An seinem Ufer liegen viele indianische Fischerdörfer, deren Einwohner mit wehenden Schmetterlingsnetzen den feinen Blanquito, einen Süßwasserfisch, fangen, den es nur noch in diesem Gewässer gibt und den man, in Eierteig gebacken, besonders gerne ißt. Der Staat Michoacán ist wegen seiner abwechslungsreichen Landschaft mit Seen, Flüssen, Wasserfällen, Bergen, Vulkanen und weißen Stränden viel besucht. Aber auch wegen seiner schönen Hauptstadt Morelia mit ihren vielen historischen Gebäuden und den Dörfern der Tarasken-Indianer, die noch heute hier leben. Mitten im Patzcuaro-See liegt die Insel Janitzio, die für ihre volkstümlichen Feiern in der »Nacht der Toten« vom 1. auf den 2. November berühmt ist. In dieser Nacht besuchen die Mexikaner ihre verstorbenen Angehörigen auf den Friedhöfen und bekräftigen die Verbundenheit mit ihnen bei einem fröhlichen Picknick bis zum Morgengrauen auf den Gräbern – ein Kult, der auf die Azteken zurückgeht, die sich bewußt waren, welch wichtige Rolle der Tod im Leben spielt. Vielleicht werden dabei auch ein paar Flaschen Wein aus den Reben der fruchtbaren Täler von Aguascalientes getrunken. Der kleine Bundesstaat, nördlich von Michoacán und Jalisco gelegen, produziert einige der besten Weine Mexikos.

Rancher bei einem Rodeo in Guadalajara. Der Älteste trägt die traditionelle Tracht der Charros.

Zu Allerheiligen stehen in ganz Mexiko skurrile Skelette aus Plastik oder Zuckerguß in den Schaufenstern.

Einer der rätselhaften riesigen Olmeken-Köpfe im Park la Venta in Villahermosa.

Die Landenge von Tehuántepec

Auf diesem schmalen Landstreifen, der das zentrale Hochland mit dem Süden verbindet, sind die beiden Meeresküsten stellenweise nur 200 km voneinander entfernt. Der Staat Oaxaca liegt am Pazifik und wird vor allem wegen seiner präkolumbianischen Ruinen besucht: Mitla, das in eine faszinierende Kakteenlandschaft eingebettet ist, und Monte Albán, ein gigantisches Ausgrabungsfeld mit zahlreichen Palästen, Tempeln, Pyramiden und Gräbern. Das Bild der gleichnamigen Hauptstadt Oaxaca ist geprägt durch schöne Kolonialbauten und die barocke Kathedrale Santo Domingo. Besonders sehenswert ist der bunte, quirlige Indianermarkt, der samstags stattfindet. Hier bekommt man Geschirr aus schwarzem Ton und farbenprächtige Textilien, die Frauen in alter Tradition weben. Noch heute leben über 15 indianische Bevölkerungsgruppen im Staat Oaxaca, deren bekannteste die Mixteken und die Zapoteken sind. Jedes Jahr an den beiden Montagen nach dem 16. Juli wird in Oaxaca-Stadt die »Guelaguetza«, was in der zapotekischen Sprache soviel wie Darbietung, Vorstellung heißt, gefeiert, die größte Fiesta des Staates. Dabei werden in kunstvollen Kostümen indianisch-spanische Tänze gezeigt. Kulinarische Spezialität der Stadt ist Mole negro, eine glänzend schwarze, unbeschreiblich würzige Sauce mit Schokolade, Nüssen, Chiles und vielen weiteren Zutaten.

An der Golfküste treffen die Staaten Veracruz und Tabasco aufeinander, beides Zentren der Erdölindustrie, die trotz der vielerorts leider vorhandenen Umweltverschmutzung für den Tourismus noch viel Anziehendes zu bieten haben. Nördlich von Jalapa, der Hauptstadt von Veracruz, liegt bei dem idyllischen Städtchen Papantla das Ruinenfeld von El Tajin inmitten von Vanillefeldern. Das bedeutendste Bauwerk ist hier die siebenstöckige »Nischenpyramide«, doch noch berühmter ist eine andere Attraktion dieser Gegend: das Spiel der Voladores, das ursprünglich zu den Fruchtbarkeitsriten der Totonaken-Indianer gehörte. Jeden Sonntag lassen sich vier Männer auf waghalsige und artistische Art, nur mit einem Seil gesichert, von einem hohen Mast herunterfallen. Dabei rollen sich die um den Mast gewickelten Seile langsam ab. Zurück in Papantla, sollten Sie sich unbedingt ein Fläschchen reinen Vanille-Extrakt bei einem der zahlreichen »fliegenden Händler« kaufen, den Sie nirgendwo sonst so frisch bekommen.

Weiter südlich lockt die Hafenstadt Veracruz mit tropischem Flair, einem lauten, lebendigen Seemannsviertel und

Tortillas, Mole, Käse – in diesem Laden in Oaxacas Innenstadt gibt es alles, was das Herz begehrt.

einer durch karibische und afrikanische Einflüsse äußerst interessanten Küche. Die Veracruzaner lieben Musik, Tanz, gutes Essen und kühles Bier und sind im ganzen Land für ihre Lebensfreude bekannt. Auch die fröhlichen Tänze und die lebenslustige Musik der Bewohner von Veracruz-Stadt und der ganzen Küste ist von afrikanischen Rhythmen beeinflußt, was man jedes Jahr im Februar bei den rauschenden Karnevalsfesten erleben kann.
In Tabascos gepflegter Hauptstadt Villahermosa sind im Freilichtmuseum des Parks La Venta die berühmten Monumentalköpfe der sagenhaften Olmeken-Kultur zu bestaunen. Die Köpfe, deren größte bis zu 40 t wiegen, wurden von ihrem Fundort in einem Sumpfgebiet hierhergebracht.
Entlang der ganzen Küste kann man zahlreiche Fischspezialitäten genießen, am bekanntesten ist der Pescado a la Veracruzana, ein Fisch, der mit einer Sauce aus Tomaten, Paprika, Oliven und Kapern überzogen wird. Meist wird dieses köstliche Gericht mit Huanchinango zubereitet, einem in ganz Mexiko beliebten Fisch, der bei uns als »Red Snapper« zu bekommen ist.

Nur in einem Straßenzug von Veracruz-Stadt blieben noch alte Häuser aus der Kolonialzeit erhalten.

Blick auf Acapulco Bay (Bild rechts): Die traumhafte Badebucht mit langen Stränden und heißem Nachtleben zieht Mexikaner wie Touristen aus aller Welt nach wie vor an.

Die Westküste

An der Pazifikküste erstrecken sich kilometerlange Strände mit feinem Sand – imposante Felsen und dicht mit Palmen bewachsene Buchten bestimmen das Bild. Das Meer, meist tiefblau mit grünlichem Schimmer, bietet einen fast unwirklich schönen Postkartenanblick. Die Hitze des Tages wird durch eine stete Brise angenehm gemildert. So ist es kein Wunder, daß hier der Tourismus boomt! Überall kann man fischen und jede Art von Wassersport betreiben. Oder man erholt sich einfach unter den typischen Palapas, den Sonnenschirmen oder Hütten aus Palmblättern. Neun mexikanische Bundesstaaten grenzen an die Küste: die beiden »Zwitterstaaten« Sonora und Sinaloa, dann Nayarit, Jalisco, Colima, Michoacán, Guerrero mit dem weltberühmten Acapulco, Oaxaca und Chiapas. Einer der beliebtesten Badeorte der Pazifikküste ist Mazatlán, das im nördlichen Bundesstaat Sinaloa liegt. Bekannt ist der Ort durch seinen Strand, der einer der schönsten und längsten am Pazifik ist, seinen Karneval, der hier besonders ausgiebig gefeiert wird, und seine Krabbenfischerflotte. Beliebt ist auch Puerto Vallarta im Bundesstaat Jalisco mit seinen weißen ziegelgedeckten Häuschen, die gleich hinter den strandnahen Luxushotels liegen. Auch Las Hadas, ein künstlich geschaffenes Touristenzentrum im pseudo-arabischen Stil, und Ixtapa, das früher ein idyllisches Fischerdorf war, locken noch heute zum Erholen. Der berühmteste Badeort dieser Küste – und ganz Mexikos – ist jedoch nach wie vor das pulsierende Acapulco, im Bundesstaat Guerrero gelegen. Ein Hauch von Exklusivität, von internationalem Jet-Set schwingt noch immer beim Klang dieses Namens mit. Die Mexikaner fahren nicht so sehr wegen der Strände, sondern wegen der mondänen Nachtclubs und Shows mit internationalen Künstlern nach

Für ein paar Pesos wagen junge Männer den Sprung von 40 m hohen Klippen ins Meer.

Junge Frauen verkaufen Töpferwaren auf einem Markt in Colima.

Acapulco. In den vielen Discos und Bars beginnt das Nachtleben nicht vor 23 Uhr und endet selten vor Sonnenaufgang. Eine allabendliche halsbrecherische Attraktion bieten wie eh und je die »clavadistas«. Die wagemutigen jungen Männer springen von 40 m hohen Klippen in die enge Felsenbucht von La Quebrada, um ein paar Pesos zu verdienen.
Überall entlang der gut 1500 km langen Küste kann man nach Herzenslust frischen Fisch essen. Bekannt für sein besonders feines Fleisch ist der Sierra, eine Art Thunfisch, der gern für Ceviche, roh marinierter Fisch mit Tomaten und Koriander, verwendet wird. Natürlich gibt es auch alle Arten von Meeresfrüchten, die einfach gegrillt und mit einer der vielen köstlichen Saucen gegessen werden. Fisch ist für alle Bundesstaaten entlang der Küste eine der Hauptnahrungsquellen. Die besten Gerichte findet man natürlich nicht in den typischen Touristenorten, sondern eher in kleinen Fischerdörfern. Paradiesisch ist das Angebot an tropischen Früchten, vor allem an Mangos und Ananas, die am Strand eine ideale Erfrischung sind. Im Bundesstaat Colima reichen Kokosnußplantagen bis dicht ans Meer – aus ihnen bereitet man raffinierte Mixgetränke und Süßspeisen wie z. B. die beliebte Cocada zu. In jedem Fall lohnt es sich, in allen westlichen Bundesstaaten auch einmal die traumhaften Strände zu verlassen und etwas ins Landesinnere zu fahren. Die ländlichen Gegenden und Städtchen der Pazifikregionen mit ihren bunten Märkten und kleinen ursprünglichen Restaurants sind einen Besuch wert.

Besonders schön und farbenfreudig sind die Friedhöfe der Mayas im Norden Yucatáns.

Der Süden

Für viele ist der Süden Mexikos der schönste Teil des Landes. Hier liegen auch die eindrucksvollsten Ruinen der Maya-Kultur, deren Sprache, Kleidung und Tradition noch immer einzigartig ist. Neben den Azteken und den Inkas (in Peru und Bolivien) waren die Mayas die wichtigsten Zivilisatoren Lateinamerikas. Die berühmten Pyramiden und Tempel in Palenque, im Bundesstaat Chiapas gelegen, sowie Chichén-Itza und Uxmal, im Norden der Halbinsel Yukatán, sind Zeugen ihrer hochentwickelten Architektur.

In und um Mérida, der Hauptstadt des Bundesstaates Yucatán, sprechen die Einwohner »maya quiché«, die sanftklingende Sprache ihrer Vorfahren. Mérida nennt man nicht nur der Häuser wegen »Weiße Stadt«: Die Menschen sind auch überwiegend weiß gekleidet und die Kleider der Frauen mit bunten Blumen bestickt. Ein typisches Mitbringsel von hier sind Hängematten aus Sisal, eine Faser, die aus der Agave gewonnen wird.

Der Bundesstaat Chiapas, der historisch und kulturell eng mit Guatemala verknüpft ist, nimmt einen großen Teil von Südmexiko ein. Es ist mit die abwechslungsreichste Region des Landes, mit noch intakten tropischen Urwäldern, Seen, Flüssen, Vulkanen, Wasserfällen und Küsten und mit vielen Mayabauten. Besonders sehenswert sind die märchenhaften Palast-Ruinen der Maya-Städte Bonampak und Yachilián, mitten im Urwald gelegen und am besten mit Boot oder Kleinflugzeug zu erreichen. Auch in Chiapas tragen die Nachkommen der Mayas noch ihre traditionellen Trachten, hier sind sie jedoch schwarz mit bunten Stickereien. Die Männer haben breite, flache Hüte, die manchmal mit bunten Bändern geschmückt sind.

San Cristobal de las Casas ist eine besonders lebendige, bunte Stadt mit einem großen Indianermarkt, wo es neben farbenprächtigem Gemüse und duftenden Kräutern wunderschöne Webarbeiten und Stickereien zu kaufen gibt. Viele alte Zahl- und Tauschtraditionen sind in diesem Gebiet noch lebendig geblieben.

Die Staaten Campeche, Yucatán und Quintana Roo, alle auf der in den Golf von Mexiko hineinragenden Halbinsel Yucatán gelegen, haben außer den Kulturstätten der Mayas vor allem traumhafte, blendend weiße Strände zu bieten. Das Wasser ist türkisblau und klar, ein Eldorado für Taucher. Im größten Fischerhafen Ciudad del Carmen im Westen von Campeche kann man am frühen Morgen die Fischer mit ihrem üppigen Fang heimkehren sehen: Da glitzert es in Körben von Pulpo (Krake), Calamar (Kalamaris), Robalo (Meerbarsch), Huachinango (Red Snapper) und Cazon, dem kleinen Hundshai. Dieser wird in der ganzen Gegend für viele Gerichte verwendet und gilt als Delikatesse. Eine weitere Spezialität sind Krabben, denn Ciudad del Carmen ist auch ein bedeutendes Zentrum für den Krabbenfischfang. Aus Cancún, einem verschlafenen Fischerdorf auf einer vorgelagerten Lagune im Bundesstaat Quintana Roo, ist eines der mondänsten Touristenzentren geworden, mit langen Sandstränden, vielen Luxushotels und allerlei Wassersportmöglichkeiten. Mexikanisches Flair erlebt man jedoch eher auf den Bade- und Urlaubsinseln Cozumel und Isla Mujeres.

Auch der Süden Mexikos hat einige eigene Spezialitäten: Die sonst in Maisblätter gehüllten Tamales werden hier mit frischen Bananenblättern zubereitet. Aus Yucatán stammt Chinita pibil, gewürztes Schweinefleisch, das in Bananenblätter gewickelt und unter der Erde gegart wird. Vorsicht bei den Salsas: Im Süden wird dafür oft der winzige, feuerrote und sehr scharfe Chile habanero verwendet – da helfen nur noch Brot, Banane und Bier, um das höllische Brennen zu lindern! Bier ist in Mexiko übrigens von hervorragender Qualität – deutsche Einwohner sollen einst mit der Brauerei begonnen haben. Es wird gern und viel getrunken und ist inzwischen ein wichtiger Exportartikel. Man kann zwischen dunklen, dem Altbier ähnlichen Sorten, Cerveza oscura, und hellen, Cerveza clara, unterscheiden. Alle Sorten haben einen niedrigen Alkoholgehalt und sind deshalb zum Durstlöschen gut geeignet.

Ein Mayamädchen vor seiner Hütte im kleinen Ort Muma in Yukatán. Es trägt die traditionelle Tracht Huipil, ein weißes Überwurfkleid mit Stickereien.

Die Figur des Chac-mool in Chichén-Itzá sitzt vor der Pyramide von Kukulkán. Wahrscheinlich diente er als Tempelwächter.

TORTILLA & CO.

Die Tortilla kann fast als Symbol der mexikanischen Küche bezeichnet werden, denn es gibt kaum ein Essen, zu dem die frischen, warmen Fladen nicht gereicht werden. Oft dienen sie sogar als Löffel oder Teller. Tortillas werden aus einem speziellen Maismehl, der Masa harina, zubereitet, nur im Norden Mexikos verwendet man Weizenmehl dafür. Das besonders hergestellte Maismehl wird mit Wasser gemischt und ergibt die Masa, den Teig. Aus dem Teig werden in Mexiko die Tortillas mit den Händen geformt und auf einer Platte, der Comal, gebacken. Leider ist in Europa das Spezialmaismehl nur in Spezialitätenläden zu bekommen, weshalb wir für unser Tortilla-Rezept mit Maismehl aus dem Reformhaus gearbeitet haben. Fertigen Teig und Tortillas können Sie auch abgepackt im Spezialitätenhandel kaufen. Falls Sie Masa harina bekommen, finden Sie in der Info zum Mais-Tortilla-Rezept die Angaben für die traditionelle Zubereitung.

Die dünnen Fladen lassen sich je nach Zubereitungsart und Füllung unterscheiden. Da gibt es einmal die Tacos, das sind weiche, gefüllte und aufgerollte Tortillas. Werden sie noch gebraten, nennt man sie Flautas, sind sie mit Fleisch oder Gemüse gefüllt, heißen sie Burritos. Quesadillas sind eine weitere Variante. Sie bestehen aus gefüllten, zum Halbkreis gefalteten Tortillas und werden gebraten. Knusprig gebratene Tortillas, mit Bohnenmus bestrichen und mit Fleisch-, Fisch- oder Geflügelstreifen, Gemüse und Käse bestreut, heißen Tostadas. Enchiladas sind Tortillas, die meist mit einer roten oder grünen Tomatensauce bestrichen, gebraten und mit einer Füllung aufgerollt werden.

Kleine, knusprig gebratene Tortillastückchen, mit denen man Guacamole oder Bohnenmus dippt, sind Totopos. Sie werden auch für ein typisches Gericht, »Chilaquiles«, verwendet. Die Masa wird außer für Tortillas auch für Tamales und Atole, ein Getränk, genommen. Dafür wird sie mit anderen Zutaten in Maisblätter gewickelt und im Dampf gegart.

Mais-Tortillas

Ganz Mexiko · Gut vorzubereiten

Tortillas de maiz

Zutaten für 8 Stück:
150 g Maismehl (aus dem Reformhaus)
½ TL Salz
Backpapier zum Ausrollen

Zubereitungszeit: 45 Min.

Pro Stück: 280 kJ/67 kcal

1 Maismehl und Salz in eine Rührschüssel geben. Langsam 200 ml lauwarmes Wasser dazugießen, dabei ständig mit den Knethaken des Handrührers rühren, bis ein feuchter weicher Teig entstanden ist. Zugedeckt etwa 15 Min. ruhen lassen.

2 Vom Backpapier zwei etwa 20 x 20 cm große Quadrate abschneiden. Den Maisteig in 8 gleich große Portionsstücke teilen. Eine beschichtete Pfanne ohne Fett erhitzen.

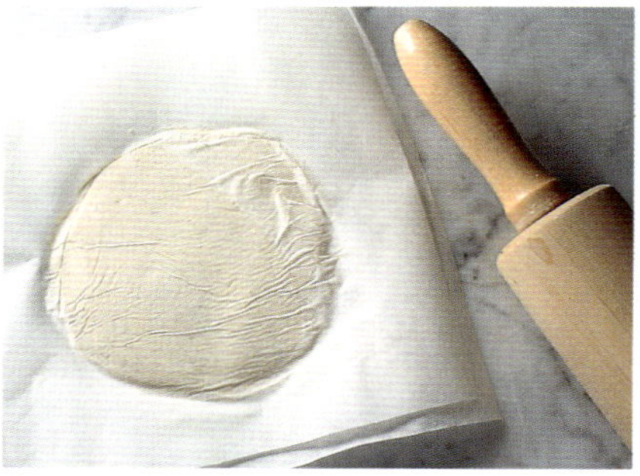

3 Jeweils eine Portion Teig zwischen den beiden Bögen Backpapier mit dem Nudelholz zu einem Kreis von etwa 12 cm Durchmesser ausrollen.

4 Dann sofort das obere Papier abziehen. Die Tortilla in die heiße Pfanne stürzen und das zweite Papier entfernen. Die Tortilla von jeder Seite bei mittlerer Hitze ½–1 Min. braten, bis sich dunkelbraune Flecken zeigen, dann warm stellen.

5 Möglichst erst jetzt die nächste Tortilla ausrollen und braten. Die Tortillas sollten nicht auf Vorrat ausgerollt werden, sonst quillt das Papier auf und läßt sich nicht mehr abziehen.

Variante: Leichter und unkomplizierter ist dieses Rezept: 100 g Maismehl (aus dem Reformhaus), 100 g Weizenmehl und 1 TL Salz mit 125–150 ml lauwarmem Wasser zu einem weichen Teig verrühren und zugedeckt etwa 20 Min. ruhen lassen. Aus dem Teig 8 gleich große Kugeln formen und diese auf einer bemehlten Arbeitsfläche zu ganz dünnen Fladen von etwa 15 cm Durchmesser ausrollen. In einer beschichteten Pfanne ohne Fett nacheinander von jeder Seite etwa 1 Min. backen.

Info: In Mexiko wird für Tortillas ein spezielles Maismehl verwendet, das es außerhalb von Mexiko kaum zu kaufen gibt. Deshalb haben wir für unser Rezept Maismehl aus dem Reformhaus verwendet und die Wassermenge so exakt berechnet, daß sich die Tortillas nach dem Braten dennoch gut rollen lassen. Mit Original Masa harina, 2 TL Schmalz oder Öl bereiten Sie den Teig mit 250 g Masa harina und 350 ml lauwarmem Wasser wie beschrieben zu. Tortillas gibt es auch in Spezialitätengeschäften sowie in gutsortierten großen Supermärkten vakuumverpackt fertig zu kaufen.

Tip! In Plastikfolie gewickelt können Sie Tortillas 1–2 Tage im Kühlschrank aufbewahren.

Weizen-Tortillas

Aus dem Norden · Gelingt leicht

Tortillas de harina

Zutaten für 8 Stück:
175 g Weizenmehl
1 TL Salz

Zubereitungszeit: 45 Min.

Pro Stück: 310 kJ/74 kcal

1 Mehl in eine Schüssel geben und Salz hinzufügen. Langsam unter ständigem Rühren 100 ml lauwarmes Wasser dazugießen.

2 Den Teig am besten mit den Händen kneten, bis er geschmeidig ist und nicht mehr klebt. Zugedeckt etwa 15 Min. ruhen lassen.

3 Den Teig in 8 gleich große Portionsstücke teilen. Jede Portion auf einer bemehlten Arbeitsfläche zu einem dünnen kreisrunden Fladen von etwa 15 cm Durchmesser ausrollen.

4 Eine beschichtete Pfanne ohne Fett erhitzen und die Tortillas nacheinander darin von jeder Seite etwa 1 Min. bei mittlerer Hitze backen. Sobald sich die Tortillas aufblähen, den Teig mit einem Pfannenwender sanft auf den Pfannenboden drücken, damit sie gleichmäßig gebacken werden. Die Tortillas sind gar, wenn sie dunkelbraune Flecken oder Punkte bekommen. Zum Warmhalten der fertigen Tortillas eignet sich z. B. ein Körbchen, das Sie mit Servietten auslegen können.

Tip! Tortillas lassen sich gut auf Vorrat backen und einfrieren. Sie können zu vielen Gerichten als Beilage wie Brot gegessen werden.

Tacos mit Fleischfüllung

Aus dem Norden · Braucht etwas Zeit

Tacos con relleno de carne de rez

Zutaten für 8 Stück:
¼ l Fleischbrühe (Fertigprodukt)
350 g Rinderfilet
Salz
8 fertige Weizen-Tortillas (S. 28)
Öl zum Ausbacken
8 große Kopfsalat-Blätter
8 EL Rote-Bohnen-Sauce (S. 54)
2 kleine Fleischtomaten
8 EL Crème fraîche
8 EL kalte Tomatensauce (S. 54)
100 g Gouda, mittelalt

Zubereitungszeit: 1 Std.
(+ 45 Min. für die Weizen-Tortillas
+ 20 Min. für die Bohnensauce
+ 20 Min. für die Tomatensauce)

Pro Stück: 1200 kJ/290 kcal

1 Fleischbrühe in einen kleinen Topf gießen und aufkochen. Rinderfilet hineinlegen und zugedeckt bei mittlerer Hitze in etwa 30 Min. gar ziehen lassen.

2 Das Fleisch aus der Brühe nehmen, abkühlen lassen, zerzupfen oder kleinschneiden und leicht salzen.

3 Die fertigen Weizen-Tortillas in einer Pfanne im heißen Öl kurz nacheinander wenden, damit sie weich werden. Dann herausnehmen und auf die Arbeitsplatte legen.

4 Salatblätter waschen und trockenschütteln. Die Bohnensauce auf die Tortillas streichen und mit je einem Salatblatt belegen. Dann das zerkleinerte Rindfleisch darauf verteilen.

5 Tomaten waschen, halbieren, vom Stielansatz befreien und klein würfeln. Die Tomatenwürfel auf die Tortillas legen, je 1 EL Crème fraîche und die Tomatensauce daraufgeben.

6 Den Gouda auf einer groben Reibe direkt darauf raspeln. Die Tortillas aufrollen und sofort servieren.

Tip! Die Saucen können Sie schon einige Tage vorher zubereiten. Sie sind im Kühlschrank etwa 3–4 Tage haltbar.

Enchiladas mit Käse

Ganz Mexiko · Geht schnell

Enchiladas de queso

Zutaten für 8 Stück:
400 g Frischkäse
100 g Cheddar-Käse, frisch gerieben
4 Frühlingszwiebeln
1 TL getrockneter Oregano · Salz
weißer Pfeffer, frisch gemahlen
8 fertige Mais-Tortillas (S. 26)
Öl zum Ausbacken
Fett für die Form
grüne Tomatensauce (S. 58)
Zum Garnieren nach Belieben:
je 3 Kopfsalat- und Eissalatblätter
2–3 mittelgroße Tomaten

Zubereitungszeit: 35 Min.
(+ 45 Min. für die Mais-Tortillas
+ 35 Min. für die Tomatensauce)
Pro Stück: 720 kJ/170 kcal

1 Frischkäse mit 50 g Cheddar-Käse in einer Schüssel verrühren. Frühlingszwiebeln putzen, waschen, in schmale Ringe schneiden und untermischen. Den Käse mit Oregano, Salz und Pfeffer würzen.

2 Den Backofen auf 220° (Gas Stufe 4) vorheizen. Die fertigen Tortillas nacheinander in einer Pfanne im heißen Öl kurz wenden, damit sie weich werden. Dann herausnehmen und auf eine Platte legen.

3 Eine feuerfeste Form ausfetten. Die Tortillas erst mit der grünen Tomatensauce bestreichen. Die Hälfte der Käsemasse darauf verteilen, zusammenrollen, in die Form legen. Restliche Käsemasse darüber verteilen, mit restlichem Cheddar-Käse bestreuen.

4 Die Käse-Enchiladas im Backofen (Mitte) 15–20 Min. überbacken, bis der Käse leicht bräunt. Nach Belieben mit in Streifen geschnittenem Kopf- und Eissalat und Tomatenachteln anrichten.

Variante: 2 Hühnerbrustfilets garen und kleinschneiden. 4 Frühlingszwiebeln fein hacken. Filets mit den Zwiebeln, Korianderblättchen von einem Bund Koriander und 2 zerdrückten Knoblauchzehen mischen und als Füllung verwenden. Mit kalter Tomatensauce (S. 54) übergießen.

Burritos mit Gemüsefüllung

Aus Zentralmexiko · Gelingt leicht

Burritos de verduras

Zutaten für 4 Portionen:
1 kleine Zwiebel · 1 Möhre
2 EL Öl · 2 Knoblauchzehen
1 kleiner Zucchino
1 kleine rote Paprikaschote
2 TL Chilipulver
1 TL Kreuzkümmel
1 TL getrockneter Oregano · Salz
schwarzer Pfeffer, frisch gemahlen
1 Dose Mais (Abtropfgewicht 140 g)
1 Dose Kidneybohnen (Abtropfgewicht 225 g)
8 fertige Weizen-Tortillas (S. 28)
Öl zum Ausbacken

Zubereitungszeit: 45 Min.
(+ 45 Min. für die Weizen-Tortillas)

Pro Portion: 1900 kJ/450 kcal

1 Zwiebel schälen und fein hacken. Möhre schälen und auf der Gemüsereibe grob raspeln. Öl in einer großen Pfanne erhitzen, Zwiebel und Möhre darin bei schwacher Hitze etwa 5 Min. dünsten. Knoblauch schälen und dazupressen.

2 Zucchino waschen, vom Stielansatz befreien, erst in etwa ½ cm dicke Scheiben, dann in kleine Würfel schneiden. Paprikaschote längs halbieren, putzen, waschen, erst in Streifen schneiden, dann klein würfeln.

3 Paprika- und Zucchiniwürfel zu dem vorgedünsteten Gemüse in die Pfanne geben. Mit Chilipulver, Kreuzkümmel, Oregano, Salz und Pfeffer würzen und das Gemüse zugedeckt bei schwacher Hitze etwa 5 Min. dünsten.

4 Mais und Kidneybohnen in einem Sieb abbrausen und abtropfen lassen. Unter das Gemüse mischen und zugedeckt weitere 10 Min. garen.

5 Die Tortillas nacheinander in einer Pfanne in heißem Öl kurz wenden, damit sie weich werden. Die Gemüsefüllung auf den heißen Tortillas verteilen und zu Rollen formen, gleich servieren.

Tip! Dazu passen Guacamole (S. 57), feingeschnittener Salat und gehackte Tomaten.

Tostadas mit Hähnchen

Aus Michoacán · Gelingt leicht

Tostadas de pollo

Zutaten für 4 Portionen:
2 Zwiebeln · 4 Knoblauchzehen
500 g Hühnerbrustfilet
3/8 l Hühnerbrühe (Fertigprodukt)
1 kg Fleischtomaten
1 Chile jalapeño (aus der Dose) oder 1 frische scharfe Chilischote
2 Bund frischer Koriander (ersatzweise frische Petersilie)
Salz
schwarzer Pfeffer, frisch gemahlen
8 fertige Mais-Tortillas (S. 26)
Öl zum Ausbacken
8 große Salatblätter
100 g Crème fraîche
100 g Queso fresco (ersatzweise griechischer Feta-Schafkäse)

Zubereitungszeit: 1 Std.
(+ 45 Min. für die Tortillas)

Pro Portion: 2000kJ/480 kcal

1 Zwiebeln und Knoblauch schälen. 1 Zwiebel halbieren und die Hälfte mit 1 Knoblauchzehe und dem Hühnerbrustfilet in einen Topf geben. Die Hühnerbrühe angießen, langsam aufkochen und das Fleisch im geschlossenen Topf bei mittlerer Hitze in 25–30 Min. garziehen lassen. Herausnehmen und abkühlen lassen.

2 Inzwischen Tomaten überbrühen, häuten und entkernen. Den Chile jalapeño entkernen. Vorsicht, ist sehr scharf. Hände nicht in die Nähe der Augen bringen! Zusammen mit den Tomaten, den restlichen Zwiebeln und Knoblauchzehen im Mixer pürieren. Koriander waschen, trockenschütteln, Blättchen fein hacken und unter die Sauce mischen. Mit Salz und Pfeffer abschmecken.

3 Die Hühnerbrüstchen kleinschneiden. Die Tortillas nacheinander in einer Pfanne im heißen Öl kurz wenden, damit sie weich werden.

4 Die Tortillas mit der Hälfte der Tomatensauce bestreichen. Salatblätter waschen, trocknen und die Tortillas damit belegen. Das Hühnerfleisch in gleich großen Portionen darauf verteilen und die restliche Tomatensauce darüber gießen. Je einen Klacks Crème fraîche daraufgeben und den Käse auf einer großen Gemüsereibe direkt darauf raspeln. Je zwei Tostadas auf einem Teller anrichten und sofort servieren, damit sie nicht aufweichen.

Getränk: Tequila paßt gut zu diesem Gericht.

Überbackene Tortillas

Aus Sonora · Braucht etwas Zeit

Chimichangas al horno

Zutaten für 8 Stück:
600 g Schweineschulter
2 EL Butterschmalz
2 EL Weißweinessig
1 Knoblauchzehe
3 EL Chilipüree aus der Dose
½ TL getrockneter Oregano
½ TL Kreuzkümmel · Salz
Öl zum Ausbacken
8 fertige Weizen-Tortillas (S. 28)
kalte Tomatensauce (S. 54)
150 g Crème fraîche
50 g Queso anejo, frisch gerieben (ersatzweise Parmesan)
Fett für die Auflaufform

Zubereitungszeit: 1 Std.
(+ 45 Min. für die Weizen-Tortillas + 20 Min. für die Tomatensauce)

Pro Stück: 1700 kJ/400 kcal

1 Schweineschulter in sehr kleine Würfel schneiden. In Butterschmalz bei starker Hitze portionsweise etwa 5 Min. braten, bis sie knusprig braun sind.

2 Essig dazugießen. Knoblauch schälen und darüber pressen. Chilipüree einrühren und mit Oregano, Kreuzkümmel und Salz würzen. Alles zugedeckt bei schwacher Hitze etwa 10 Min. köcheln lassen.

3 Öl in einer Pfanne erhitzen und die Tortillas kurz darin wenden, damit sie weich werden. Den Backofen auf 200° (Gas Stufe 3) vorheizen.

4 Jede Tortilla mit der Tomatensauce bestreichen, die Fleischfüllung in gleich großen Portionen darauf verteilen und die Tortillas einmal zusammenklappen.

5 Crème fraîche mit Käse in einer Schüssel verrühren. Die Chimichangas in eine eingefettete Auflaufform legen, mit der Käsesauce überziehen und im vorgeheizten Backofen (Mitte) etwa 15 Min. überbacken. In der Form servieren.

Tip! Dazu können Sie nach Belieben verschiedene Saucen wie z. B. grüne Tomatensauce (S. 58) oder Teufelssauce (S. 57) reichen.

Schweinefleisch-Tamales

Aus Zentralmexiko · Deftig

Tamales de cerdo

Zutaten für 4 Portionen, etwa 16 Stück:
20 getrocknete Maisblätter-Hüllen (aus dem Spezialitätengeschäft, ersatzweise Alufolie)
500 g Masa harina (aus dem Spezialitätengeschäft)
1/4 l Fleischbrühe (Fertigprodukt)
75 g Schweineschmalz
Salz
1 mittelgroße Zwiebel
600 g Schweineschnitzel
2 EL Öl
3 Knoblauchzehen
2 frische mittelscharfe Chilischoten
1 Dose Tomatillos (grüne Tomaten, Abtropfgewicht etwa 312 g)
1 Bund frischer Koriander (ersatzweise glatte Petersilie)
außerdem: 1 Schälchen mit Teufelssauce (S. 57)

Zubereitungszeit: 1 Std. (+ 3 Std. Wässern + 1 Std. Garen)

Pro Stück: 870 kJ/266 kcal

1 Maisblätter in warmes Wasser legen und etwa 3 Std. darin einweichen.

2 Masa harina mit der Fleischbrühe in einer Schüssel mit den Knethaken des Handrührers zu einer dicken Masse verkneten. Schweineschmalz schmelzen, mit dem Salz dazugeben und gute 5 Min. weiterkneten. Den Teig zugedeckt beiseite stellen.

3 Dann Zwiebel schälen und fein hacken. Schweineschnitzel in schmale Streifen schneiden. Öl in einer Pfanne erhitzen und die Fleischstreifen darin portionsweise bei starker Hitze etwa 5 Min. kräftig anbraten, dann herausnehmen.

4 Die Zwiebel im verbliebenen Bratfett bei mittlerer Hitze weich dünsten. Den Knoblauch schälen und dazupressen. Die Chilischoten entkernen, waschen und in Ringe schneiden. Vorsicht, Hände nicht in die Nähe der Augen bringen! Die Chiliringe kurz mitdünsten.

5 Tomatillos in einem Sieb abtropfen lassen, dazugeben und alles etwa 5 Min. zugedeckt bei schwacher Hitze weitergaren. Dann im Mixer pürieren.

6 Koriander waschen, abzupfen und nicht ganz fein hacken. Das Püree im offenen Topf bei schwacher Hitze etwa 10 Min. dicklich einkochen. Das Fleisch und den Koriander untermischen.

7 Jeweils 1 Maisblatt trockentupfen, ausbreiten, etwa 1 1/2 EL des Teiges in die Mitte setzen und so flachdrücken, daß rundum ein breiter Rand bleibt.

8 Dann etwa 1 1/2 EL der Fleischfüllung auf den Teig setzen und das Maisblatt von der Breitseite her aufrollen.

9 Das Maisblatt etwas flachdrücken und die überstehenden Blattenden einklappen.

10 Wasser dreifingerhoch in zwei breite Töpfe füllen und aufkochen. Temperatur herunterschalten. Je 2 Maisblätter in einen Dampfeinsatz legen. Je die Hälfte der Tamales auf den Einsatz leicht schräg und dicht nebeneinander hineinstellen. Zugedeckt bei mittlerer Hitze knapp 1 Std. garen. Sie sind fertig, wenn sich das Blatt leicht vom Teig löst. Mit Teufelssauce (S. 57) servieren.

Getränk: Atole paßt gut dazu.

Quesadillas mit Pilzen

Ganz Mexiko · Braucht etwas Zeit

Quesadillas de hongos

Zutaten für 4 Portionen, 8 Stück:
8 Mais-Tortillas (S. 26)
1 kleine Zwiebel · 7 EL Olivenöl
6 Knoblauchzehen
500 g Champignons
4 frische Epazote-Blätter (ersatzweise Zitronenmelisse)
Salz · 1 Prise Chilipulver
außerdem: Limettenscheiben und kalte Tomatensauce (S. 54)

Zubereitungszeit: 20 Min.
(+ 45 Min. für die Mais-Tortillas)

Pro Stück: 680 kJ/160 kcal

1 Nach dem Rezept auf S. 26 den Teig für Mais-Tortillas herstellen. Acht gleichmäßige Kugeln formen und mit Frischhaltefolie bedeckt beiseite stellen.

2 Zwiebel schälen und fein hacken. 2 EL Öl in einer Pfanne erhitzen und die Zwiebel darin weich dünsten. Den Knoblauch schälen und dazupressen.

3 Champignons putzen, kurz waschen, blättrig schneiden und grob hacken, in die Pfanne geben und bei mittlerer Hitze schmoren, bis fast alle Flüssigkeit verdunstet ist.

4 Epazote-Blätter kurz abspülen, trockenschütteln, fein hacken und unter die Pilze mischen. Mit Salz und Chilipulver würzen.

5 Die Teigkugeln wie auf S. 26 beschrieben ausrollen, so daß sie einen Durchmesser von etwa 10 cm haben. Sie sollten etwas dicker als Tortillas sein. Die Füllung jeweils auf eine Hälfte der Teigkreise setzen. Die leere Teigseite darüber klappen. Die Ränder fest zusammendrücken.

6 Das restliche Öl in einer großen Pfanne mit hohem Rand erhitzen und die Quesadillas darin auf jeder Seite etwa 3 Min. goldbraun braten. Dazu paßt kalte Tomatensauce (S. 54). Mit Limettenscheiben garnieren.

Variante: Käse-Quesadillas
100 g frisch geriebenen Parmesan, 1 Ei, 2 EL Milch und 1 gehackten Zweig Epazote vermischen, mit Salz und Pfeffer würzen. Die Quesadillas füllen und braten, wie oben beschrieben.

Rote Chilaquiles

Ganz Mexiko · Gelingt leicht

Chilaquiles rojos

Zutaten für 4 Portionen:
1 große Zwiebel · 4 EL Öl
4 Knoblauchzehen
800 g reife Fleischtomaten
3 Chiles jalapeños (aus der Dose) oder 1 frische scharfe Chilischote
Salz
3/8 l Hühnerbrühe (Fertigprodukt)
500 g Hühnerbrustfilet
12 fertige Mais-Tortillas (S. 26)
1 Bund frischer Koriander (ersatzweise glatte Petersilie)
4 EL Crème fraîche
50 g Queso fresco (ersatzweise griechischer Feta-Schafkäse)

Zubereitungszeit: 1 Std.
(+ 45 Min. für die Tortillas)

Pro Portion: 2400 kJ/570 kcal

1 Zwiebel schälen, fein hacken und in einem Topf in 1 EL Öl andünsten. Den Knoblauch schälen und dazupressen.

2 Tomaten überbrühen, häuten, entkernen und den Stielansatz entfernen. Das Fruchtfleisch grob hacken und dazugeben. Chiles jalapeños waschen, entkernen und fein hacken. Vorsicht, sind sehr scharf. Hände nicht in die Nähe der Augen bringen! Untermischen, salzen und alles etwa 10 Min. bei schwacher Hitze köcheln lassen. Anschließend im Mixer oder mit dem Pürierstab pürieren und wieder in den Topf füllen.

3 Hühnerbrühe in einem Topf erhitzen und die Hühnerbrüstchen darin zugedeckt bei schwacher Hitze in etwa 30 Min. gar ziehen lassen. Herausnehmen und in schmale Streifen schneiden. Die Hühnerbrühe zu dem Tomatenpüree gießen und erhitzen.

4 Tortillas achteln und die Stücke im restlichen Öl in einer Pfanne in etwa 5 Min. knusprig braten.

5 Koriander waschen und fein hacken. Mit den Tortillastücken und den Hühnerbruststreifen vorsichtig unter die Tomatensauce heben. Die Crème fraîche und zerbröckelten Käse darauf verteilen, den Topf zudecken und alles weitere 6–8 Min. garen, bis der Käse etwas zu schmelzen beginnt.

Info: Das Gericht kann anstatt mit Tomaten auch mit Tomatillos zubereitet werden, dann sind es Chilaquiles verdes.

SALATE, EIER & KLEINE GERICHTE

Salate sind in Mexiko keine Beilage, sondern bilden ein eigenständiges Gericht. Sie werden allein oder als Vorspeise in einer Menüfolge gegessen. Fruchtsalate gibt es sogar schon zum Frühstück, und an kleinen Straßenständen kann man sie den ganzen Tag über kaufen. Oft wird Salat aus exotischen Früchten pikant gewürzt, was für den europäischen Gaumen etwas gewöhnungsbedürftig ist, aber sehr interessant schmeckt. Weitere beliebte Zutaten für den Salat sind Avocados, Tomaten, Chilischoten, Zwiebeln und sogar Radieschen. In Europa unbekannt sind Nopales, die Blätter des Feigenkaktus. Sie werden nach einer Spezialprozedur gegart und als Salat, als Gemüse oder Tortillafüllung verwendet. Ihr Geschmack und ihre Konsistenz erinnern an grüne Bohnen. Auch Meeresfrüchte und Fische werden gerne als Salat zubereitet, sie schmecken gut gekühlt an heißen Tagen besonders köstlich. Für Europäer ziemlich außergewöhnlich sind Zucchiniblüten, die man füllt oder in der Suppe verwendet. Etwas Besonderes sind auch in Maisblättern gegarte Gerichte, zum Beispiel Würstchen, die sich sehr gut für Parties eignen. Eiergerichte lieben die Mexikaner besonders: schon zum Frühstück, als Rühreier mit Tomaten, Chiles und Zwiebeln, Huevos a la mexicana genannt, oder Huevos rancheros – Eier auf Rancher-Art, mit Spiegeleiern, Tomatensauce und Chiles auf Tortillas. Neben diesen beiden Zubereitungsarten gibt es unzählige Abwandlungen, zum Beispiel mit roten Bohnen in Veracruz, mit Chorizo, der roten Paprikawurst, im Staat Mexiko und in Puebla mit Tomatensauce, Chilischoten, dicker Sahne und Käse überbacken.

Avocadosalat

Aus Michoacán · Gelingt leicht

Ensalada de aguacate

Zutaten für 4 Portionen:
2 große Fleischtomaten (etwa 400 g)
2 reife Avocados
Saft von 1 Zitrone
4 Frühlingszwiebeln
5 Radieschen
150 g Frühstücksspeck, ohne Schwarte, in Scheiben
2 EL Öl
3 EL Weißweinessig
1 Prise Cayennepfeffer
1 Prise Zucker
Salz
schwarzer Pfeffer, frisch gemahlen

Zubereitungszeit: 30 Min.

Pro Portion: 2300 kJ/550 kcal

1 Tomaten überbrühen, häuten und achteln, dabei den Stielansatz entfernen.

2 Avocados schälen, längs halbieren, den Kern entfernen und das Fruchtfleisch quer in schmale Scheiben schneiden. Sofort mit Zitronensaft beträufeln, damit sich das Fruchtfleisch nicht verfärbt.

3 Frühlingszwiebeln putzen, waschen und in feine Ringe schneiden. Radieschen ebenfalls putzen, waschen und in dünne Scheiben schneiden. Alles dekorativ auf vier Teller verteilen.

4 Den Speck in schmale Streifen schneiden und in einer Pfanne in Öl bei mittlerer Hitze langsam ausbraten. Herausnehmen und auf Küchenpapier abtropfen lassen.

5 Den Weißweinessig in die Pfanne zu dem verbliebenen Bratfett gießen. Cayennepfeffer, Zucker, Salz und Pfeffer hinzufügen, kurz aufkochen lassen und warm über den Salat gießen. Zum Schluß mit den ausgebratenen Speckstreifen bestreuen.

Avocados werden geerntet, wenn ihr Fruchtfleisch noch ganz hart ist.

Avocado

Die Avocado ist eine typisch mexikanische Frucht, die schon die Azteken kannten. Sie nannten sie »Ahua quatl«, was Butter des Waldes bedeutet. Ein passender Name, denn das hellgelbe, ins Grünliche gehende Fruchtfleisch ist im reifen Zustand so cremig und mild wie Butter. Die Avocado, von der es inzwischen über 400 Varietäten gibt, ist reich an wichtigen Mineralstoffen und Vitaminen. In Europa kann man sie das ganze Jahr über kaufen, sie werden jedoch meist aus Israel importiert. Die Früchte werden geerntet, wenn das Fruchtfleisch noch ganz hart ist, damit sie den Transport gut überstehen. Ihr typisches Aroma und die cremige Konsistenz entwickeln sie erst im ganz reifen Zustand, wenn das Fruchtfleisch schon bei leichtem Fingerdruck nachgibt. Unreife Früchte reifen, in Zeitungspapier gepackt, bei Zimmertemperatur in 2–5 Tagen nach. Das empfindliche Fruchtfleisch sollte, sobald die Avocado aufgeschnitten wird, sofort mit Zitronensaft beträufelt werden, da es sich schnell verfärbt, sobald es mit Sauerstoff in Berührung kommt.

Ananas-Papaya-Salat

Aus Veracruz · Geht schnell

Ensalada de frutas

Zutaten für 4 Portionen:
1 mittelgroße frische Ananas
1 große reife Papaya
1 frische mittelscharfe Chilischote
½ Bund frischer Koriander (ersatzweise ½ Bund glatte Petersilie)
1 Zitrone
Salz

Zubereitungszeit: 20 Min.

Pro Portion: 390 kJ/93 kcal

1 Ananas vom Schopf befreien und großzügig schälen. Die Frucht längs vierteln und den inneren harten Strunk entfernen. Das Fruchtfleisch in etwa 2 cm große Stücke schneiden und in eine Schüssel füllen.

2 Papaya schälen, längs halbieren und die Kerne mit einem Löffel herausschaben. Das Fruchtfleisch kleinwürfeln und zur Ananas in die Schüssel geben.

3 Chilischote längs aufschlitzen, von den Kernen befreien, waschen und fein hacken. Vorsicht, Hände nicht in die Nähe der Augen bringen! Koriander abbrausen, trockenschütteln und die Blättchen fein hacken.

4 Die Zitrone auspressen und den Saft mit der feingehackten Chilischote und dem Koriander verrühren. Die Sauce salzen und unter die Früchte mischen.

Tomatensalat

Aus Zentralmexiko · Geht schnell

Ensalada de jitomate con chiles

Zutaten für 4 Portionen:
600 g Fleischtomaten
2 frische mittelscharfe Chilischoten
1 Bund frischer Koriander (ersatzweise glatte Petersilie)
1 Limette
3 EL Olivenöl
Salz
schwarzer Pfeffer, frisch gemahlen
1 Knoblauchzehe

Zubereitungszeit: 20 Min.

Pro Portion: 400 kJ/95 kcal

1 Fleischtomaten überbrühen, häuten, quer halbieren, Stielansatz und Kerne entfernen. Das Fruchtfleisch grob würfeln und in eine Schüssel füllen.

2 Chilischoten längs aufschlitzen, von den Kernen befreien, dann ausspülen und in schmale Streifen schneiden. Vorsicht, Hände nicht in die Nähe der Augen bringen!

3 Koriander waschen, trockenschütteln, die Blättchen grob hacken und mit den Chiliringen unter die Tomaten mischen.

4 Limette auspressen und den Saft mit Olivenöl, Salz und Pfeffer mischen. Knoblauchzehe schälen, dazudrücken und verrühren. Die Sauce über den Salat gießen und diesen servieren.

Tip! Sie können auch noch eine mittelgroße entkernte und kleingeschnittene Gurke unter den Salat mischen.

Kaktusblätter-Salat

Aus Zentralmexiko · Geht schnell

Ensalada de nopalitos

Zutaten für 4 Portionen:
4 mittelgroße Tomaten (etwa 600 g)
1 weiße Gemüsezwiebel
1 Glas eingelegte Kaktusblätter-Streifen (Nopalitos en escabeche, 340 g)
½ Bund frischer Koriander (ersatzweise glatte Petersilie)
2 Limetten

Zubereitungszeit: 15 Min.
Pro Portion:
120 kJ/29 kcal

1 Tomaten waschen, den Stielansatz herausschneiden. Tomaten in dünne Scheiben schneiden. Zwiebel schälen, in dünne Scheiben schneiden und diese in feine Ringe teilen.

2 Die Kaktusstreifen aus dem Glas nehmen. Auf einer Platte oder einem großen Teller die Kaktusstreifen mit der Marinade, die Zwiebelringe und die Tomatenscheiben in dieser Reihenfolge jeweils als breite Streifen nebeneinander anrichten (dies symbolisiert die Farben der mexikanischen Flagge).

3 Den Koriander waschen, trockenschütteln, die Blättchen abzupfen und das Gemüse damit garnieren.

4 Die Limetten in Spalten schneiden. Zum Salat servieren, damit sich jeder nach Geschmack etwas Saft über seine Salatportion pressen kann.

Tip! Die eingelegten Kaktusblätter-Streifen gibt es im Spezialitätengeschäft zu kaufen.

Tintenfischsalat mit Bohnen

Aus Jalisco · Braucht etwas Zeit

Ensalada de calamares

Zutaten für 4 Portionen:
2 mittelgroße Zwiebeln
1 Lorbeerblatt
1 TL schwarze Pfefferkörner
1 Bund Petersilie · Salz
600 g Tintenfisch-Tuben (Kalmar)
1 große Fleischtomate
1 grüne Paprikaschote
1 frische mittelscharfe Chilischote
1 Dose Kidneybohnen (Abtropfgewicht 250 g)
Saft von 2 Zitronen
schwarzer Pfeffer, frisch gemahlen
1 Msp. Chilipulver
3 EL Olivenöl

Zubereitungszeit: 50 Min.
Pro Portion: 1200 kJ/290 kcal

1 Zwiebeln schälen. 1 Zwiebel vierteln und mit dem Lorbeerblatt, den Pfefferkörnern, 2 Petersilienzweigen und 1/2 TL Salz in einen Topf geben. 1/2 l Wasser zugießen und den Sud aufkochen.

2 Tintenfische waschen, in schmale Ringe schneiden und im leise köchelnden Sud zugedeckt in 20–25 Min. gar ziehen lassen.

3 Inzwischen die Fleischtomate überbrühen, häuten, quer halbieren, entkernen und vom Stielansatz befreien. Das Fruchtfleisch klein würfeln. Die Paprikaschote putzen, waschen und in schmale Streifen schneiden.

4 Chilischote längs aufschlitzen, entkernen, waschen und fein hacken. Vorsicht, Hände nicht in die Nähe der Augen bringen! Bohnen in ein Sieb schütten, kurz abbrausen und gut abtropfen lassen.

5 Die restliche Zwiebel und die Petersilie fein hacken. Aus Zitronensaft, Pfeffer, Chilipulver, Salz und Olivenöl eine Sauce rühren.

6 Das vorbereitete Gemüse in eine Schüssel füllen. Die Tintenfischringe aus dem Sud nehmen, gut abtropfen und etwas abkühlen lassen. Mit der Sauce zum Salat geben, alles gut durchmischen und servieren.

Fischsalat

Aus Veracruz · Gelingt leicht

Ensalada de pescado

Zutaten für 4 Portionen:
600 g frischer Heilbutt, küchenfertig vorbereitet
4 EL Olivenöl · Salz
weißer Pfeffer, frisch gemahlen
2 große Fleischtomaten
100 g mit Paprika gefüllte Oliven
3 Frühlingszwiebeln
2 EL Kapern
2 Knoblauchzehen
3 Limetten
8 große Kopfsalatblätter zum Garnieren

Zubereitungszeit: 30 Min. (+ 2 Std. Kühlen)

Pro Portion: 1200 kJ/290 kcal

1 Backofen auf 250° (Gas Stufe 5) vorheizen. Fisch kalt abspülen und trockentupfen. Eine Auflaufform mit 1 EL Olivenöl auspinseln, den Fisch salzen, pfeffern, hineinlegen und mit 1 weiteren EL Öl beträufeln.

2 Die Form zudecken oder mit Alufolie verschließen und den Fisch im Backofen (Mitte) etwa 10 Min. garen. Herausnehmen, ganz auskühlen lassen und für etwa 2 Std. im Kühlschrank kalt stellen.

3 Fleischtomaten überbrühen, häuten, quer halbieren, entkernen und Stielansatz entfernen. Das Fruchtfleisch klein würfeln und in eine Schüssel füllen. Oliven in feine Scheiben schneiden und dazugeben. Frühlingszwiebeln putzen, waschen, in feine Ringe schneiden und mit den Kapern in die Schüssel geben. Knoblauch schälen und darüber pressen.

4 Limetten auspressen. Den Saft mit dem restlichen Olivenöl mischen, kräftig salzen und pfeffern, über den Salat gießen und alles gut mischen.

5 Kopfsalatblätter waschen, trocknen und als Bett auf vier Teller verteilen. Den Fisch von Haut und Gräten befreien und in Stücke teilen. Auf die Salatblätter legen und mit der Gemüsemischung bedecken.

Limetten

Limetten sind die kälteempfindlichste Zitrusart. Sie wachsen deshalb überwiegend im Süden Mexikos. Sie sind kleiner und saftiger als ihre Verwandten, die Zitronen, und haben auch im reifen Zustand eine dünne, kräftig grüne Schale. Ihr Fruchtfleisch ist ganz zartgrün, meistens kernlos und aromatischer als das der Zitrone. Fein würzig ist der Geschmack der Limettenschale, die man bedenkenlos verwenden kann, da die Früchte nicht gespritzt werden. Limetten sind aus der mexikanischen Küche nicht wegzudenken und werden wie Zitronen verwendet. Weil sie klein und farblich sehr schön sind, werden sie, in Scheiben geschnitten, auch gerne zum Garnieren und in Drinks verwendet. Limetten werden im Sommer aus Israel und im Winter aus Süd- und Mittelamerika importiert. So sind sie ganzjährig in gut sortierten Supermärkten, Feinkostläden und Gemüsegeschäften zu bekommen. Limetten enthalten wie ihre großen gelben Verwandten viele Mineralstoffe, sie besitzen jedoch einen wesentlich geringeren Vitamin-C-Gehalt als Zitronen.

Limetten haben auch im reifen Zustand eine grüne Schale.

HECHO EN MEXICO
Domecq

Mexikanische Rührreier

Ganz Mexiko · Gelingt leicht

Huevos a la mexicana

Zutaten für 4 Portionen:
1 mittelgroße Zwiebel
2 mittelgroße Fleischtomaten
2 EL Olivenöl
1 frische mittelscharfe Chilischote
8 Eier · Salz
schwarzer Pfeffer, frisch gemahlen

Zubereitungszeit: 25 Min.

Pro Portion: 970 kJ/230 kcal

1 Zwiebel schälen und fein hacken. Tomaten überbrühen, häuten, quer halbieren, entkernen und den Stielansatz entfernen. Das Fruchtfleisch klein würfeln.

2 Öl in einer großen Pfanne erhitzen, die Zwiebel bei schwacher Hitze darin glasig dünsten.

3 Inzwischen Chilischote aufschlitzen, entkernen, waschen und fein hacken. Vorsicht, Hände nicht in die Nähe der Augen bringen! Die Chilistücke zu den Zwiebelwürfeln geben.

4 Eier in eine Schüssel aufschlagen, verquirlen, salzen und pfeffern. Die Tomatenwürfel unterheben. Die Mischung zu den Zwiebeln in die Pfanne gießen und bei mittlerer Hitze in etwa 4 Min. stocken lassen, dabei ab und zu mit einem Holzlöffel umrühren.

Variante: Eier auf Rancher-Art
(Huevos rancheros)
1 Zwiebel und 3 Knoblauchzehen schälen, fein hacken und in 1 EL Öl weich dünsten. 300 g gehäutete, entkernte und feingehackte Fleischtomaten und 1 frische kleingeschnittene Chilischote dazugeben und alles etwa 5 Min. dünsten. Pro Person eine Mais-Tortilla (S. 26) und je 2 Spiegeleier braten. Auf die Tortilla die Sauce geben und darauf die Eier anrichten.

Würstchen in Maisblättern

Aus Michoacán · Braucht etwas Zeit

Salchicas en hojas de maiz

Zutaten für 4 Portionen, etwa 15 Stück:
50 g getrocknete Maisblätter-Hüllen (aus dem Spezialitätengeschäft, ersatzweise Alufolie)
600 g Schweine- oder gemischtes Hackfleisch
1 Zwiebel · 4 Scheiben Toastbrot
2 Eier · 1 Prise Chilipulver
4 EL Rotweinessig
3 Knoblauchzehen
2 TL Kreuzkümmel
1 TL getrockneter Oregano
1½ TL Salz
frische Korianderblättchen (ersatzweise Petersilienblättchen) zum Bestreuen

Zubereitungszeit: 45 Min. (+ 2–3 Std. Wässern + 45 Min. Garen)

Pro Stück: 2300 kJ/550 kcal

1 Maisblätter in warmem Wasser 2–3 Std. einweichen. Dann die Blätter in ein Sieb geben und gut ausdrücken. 1–2 Blätter der Länge nach in etwa 1 cm breite Streifen schneiden.

2 Hackfleisch in eine Schüssel geben. Zwiebel schälen und fein hacken. Toastbrot im Mixer fein zerkleinern. Beides zum Fleisch geben. Eier, Chilipulver und Essig hinzufügen. Knoblauch schälen und dazupressen. Mit Kreuzkümmel, Oregano und Salz würzen. Alles gründlich vermischen.

3 Jeweils ein Maisblatt ausbreiten. Zwei Eßlöffel Hackfleischteig zu einer 8–10 cm langen Rolle formen, 2 cm von einer Längskante entfernt auf das Maisblatt setzen, so daß oben und unten gleich viel Platz frei bleibt.

4 Das Maisblatt um das Fleisch herum aufrollen, die Enden mit den Maisblattstreifen zubinden.

5 Jeweils 4–5 Maisblatt-Würstchen auf einen Dämpfeinsatz legen, in einen breiten Topf setzen und so viel Wasser angießen, daß es knapp bis zum Einsatz reicht. Zum Kochen bringen und die Würstchen zugedeckt bei mittlerer Hitze etwa 15 Min. im Dampf garen. Fertige Würstchen im Backofen warm halten. Dann den Vorgang mit den restlichen Würstchen wiederholen.

6 Die Würstchen warm in der Hülle auf einer Platte anrichten. Die Hüllen öffnen und mit frischem Koriander bestreuen.

Tip! Dazu paßt eine kalte Tomatensauce (S. 54) oder Teufelssauce (S. 57).

Gefüllte Zucchiniblüten

Ganz Mexiko · Etwas schwieriger

Flor de calabaza rellena

Zutaten für 4 Portionen:
12 Zucchiniblüten
200 g Frischkäse
50 g Queso anejo, frisch gerieben (ersatzweise Parmesan)
2 EL grüne Tomatensauce (S. 58)
1–2 EL Mehl
2 Eier
Salz
schwarzer Pfeffer, frisch gemahlen
½ l Öl

Zubereitungszeit: 45 Min. (+ 35 Min. für die grüne Tomatensauce)

Pro Portion: 1100 kJ/260 kcal

1 Zucchiniblüten vorsichtig in kaltes Wasser tauchen und auf Küchenpapier abtropfen lassen.

2 Frischkäse in eine Schüssel füllen und mit Queso anejo und der Tomatensauce verrühren.

3 Die Masse gleichmäßig in den Zucchiniblüten verteilen. Dann die Spitzen der Zucchiniblüten vorsichtig zudrehen.

4 Das Mehl in einen tiefen Teller streuen. Die Eier in einem zweiten tiefen Teller verquirlen und mit Salz und Pfeffer würzen.

5 Das Öl in einem breiten Topf erhitzen. Die gefüllten Zucchiniblüten zuerst kurz im Mehl wenden, dann durch die Eier ziehen und im heißen Öl bei starker Hitze 2–3 Min. goldbraun ausbacken. Mit einem Schaumlöffel herausnehmen und auf Küchenpapier abtropfen lassen.

Variante: 1 kleine Zwiebel schälen, fein hacken und in 1 EL Öl andünsten. 250 g Champignons putzen, waschen, fein hacken und dazugeben. 1 Knoblauchzehe schälen und darüber pressen, alles dünsten, bis fast alle Flüssigkeit verdampft ist. Die Pilze mit Salz, Pfeffer und Chilipulver würzen. 2 EL geriebenen Queso anejo (ersatzweise Parmesan) untermischen und in 8 vorbereitete Zucchiniblüten füllen. Die Zucchiniblüten auf einen Dämpfeinsatz legen. Einen Topf etwa 3 cm hoch mit Wasser füllen, Wasser zum Kochen bringen. Zucchiniblüten im heißen Dampf zugedeckt etwa 15 Min. dämpfen.

Info: Zucchiniblüten gibt es bei uns von Mai bis September in Feinkostgeschäften oder in gut sortierten Gemüseläden. Manchmal muß man sie auch vorbestellen. Zucchiniblüten müssen möglichst rasch verwendet werden, weil sie schnell zusammenfallen. In Mexiko sind Zucchiniblüten nichts Außergewöhnliches und auf jedem Markt zu bekommen. Sie werden gerne als Gemüse mit Zwiebeln, Knoblauch und Chilischoten oder als Suppe zubereitet. Einzelne Blüten sind auch als Garnitur sehr dekorativ.

SAUCEN, SUPPEN & EINTÖPFE

Ohne Salsas, die köstlichen kalten Saucen, ist die mexikanische Küche undenkbar. Sie sind ein ganz wichtiger Bestandteil eines jeden Essens und gehören zu sämtlichen Tortillazubereitungen, zu Fleisch, Geflügel und Fisch. Die Basis der oft sehr scharfen Saucen sind gehackte Zwiebeln, rote oder grüne Tomaten, reichlich Chilischoten und viel frisch gehacktes Koriandergrün. Eine Ausnahme bildet die berühmte Guacamole, eine mildwürzige Avocadocreme. Die üppige Mole ist die bekannteste warme Sauce. Sie besteht aus getrockneten Chilischoten, vielen unterschiedlichen Gewürzen und gemahlenen Nüssen. Sie finden diese Art Saucen – wie z.B. die berühmte Mole poblano – erst im Kapitel Fleisch und Geflügel, da sie keine Beilage, sondern Bestandteil des Hauptgerichts sind. In Mexiko gibt es Moles schon fertig als Paste und Pulver zu kaufen, und auch in Europa sind sie fertig im Spezialitätengeschäft zu finden.
Bei den Suppen wird in Mexiko zwischen Sopa seca, trockener Suppe, und Sopa aguada, flüssiger Suppe, unterschieden. Nach den kleinen Häppchen, den Botanas und Antojitos, das sind kleine Knabbereien wie Chips und Oliven, aber auch alle Varianten von Tortillas, beginnt das eigentliche Essen mit einer »flüssigen« Suppe. Das kann eine klare Brühe mit Huhn und Avocadoscheiben sein, eine Maiscremesuppe, eine erfrischende, kalte Avocadosuppe oder eine Pilzsuppe.

Es gibt auch üppige, deftige Varianten aus Linsen oder Bohnen mit Chorizo oder Fleisch, die man auch schon als Eintopf bezeichnen kann. Die »trockenen« Suppen werden als Zwischengang serviert und bestehen meistens aus gewürztem Reis, deshalb sind die Rezepte auch erst im folgenden Kapitel zu finden.

Gekochte Chilisauce

Ganz Mexiko · Gelingt leicht

Salsa frita

Für 6 Portionen:
600 g Fleischtomaten
2 Chiles jalapeños (aus der Dose)
oder 2 frische scharfe Chilischoten
1 kleine Zwiebel · 2 EL Öl
1 Knoblauchzehe
½ Bund frischer Koriander (ersatzweise glatte Petersilie) · Salz
schwarzer Pfeffer, frisch gemahlen

Zubereitungszeit: 30 Min.
(+ 30 Min. Kühlen)

Pro Portion: 210 kJ/50 kcal

1 Tomaten überbrühen, häuten, entkernen und kleinschneiden. Die Chiles jalapeños entkernen und fein hacken. Vorsicht, sind sehr scharf! Hände nicht in die Nähe der Augen bringen.

2 Zwiebel schälen und fein hacken. Öl in einem Topf erhitzen und die Zwiebel darin weich dünsten. Knoblauch schälen und dazupressen. Tomaten und Chilistücke untermischen und zugedeckt bei schwacher Hitze etwa 15 Min. köcheln lassen.

3 Inzwischen Korianderblättchen abzupfen und fein hacken. Die Sauce mit Salz und Pfeffer abschmecken, zum Schluß den Koriander einstreuen. Kalt servieren.

Rote-Bohnen-Sauce

Ganz Mexiko · Geht schnell

Salsa de frijoles rojos

Zutaten für 6 Portionen:
1 Dose Kidneybohnen (Abtropfgewicht 250 g)
1 kleine Zwiebel · 2 Knoblauchzehen
2 EL Olivenöl · Salz
schwarzer Pfeffer, frisch gemahlen
1 Msp. Chilipulver

Zubereitungszeit: 20 Min.
Pro Portion: 690 kJ/160 kcal

1 Bohnen in ein Sieb schütten, die Flüssigkeit dabei auffangen. Bohnen mit der Hälfte der Flüssigkeit im Mixer oder mit dem Pürierstab pürieren.

2 Zwiebel und Knoblauch schälen, die Zwiebel fein hacken. Öl in einer Kasserolle erhitzen und die Zwiebelwürfel darin glasig dünsten. Knoblauch dazudrücken und kurz mitdünsten.

3 Bohnenpüree hinzufügen und alles etwa 5 Min. bei schwacher Hitze dünsten, dabei öfters umrühren. Die Bohnensauce mit Salz, Pfeffer und Chilipulver kräftig würzen. Sie soll cremig sein.

Kalte Tomatensauce

Ganz Mexiko · Geht schnell

Salsa mexicana

Zutaten für 6 Portionen:
750 g Fleischtomaten
2 mittelgroße Zwiebeln
2 frische mittelscharfe Chilischoten
Saft von 1 Limette · Salz
schwarzer Pfeffer, frisch gemahlen
1 Bund frischer Koriander (ersatzweise glatte Petersilie)

Zubereitungszeit: 20 Min.
Pro Portion: 110 kJ/26 kcal

1 Tomaten überbrühen, häuten, entkernen, klein würfeln und in eine Schüssel füllen. Zwiebeln schälen, fein hacken und unter die Tomaten mischen.

2 Chilischoten aufschlitzen, entkernen, waschen und ganz klein schneiden. Mit dem Limettensaft zu den übrigen Zutaten geben, durchmischen und mit Salz und Pfeffer kräftig würzen. Koriander grob hacken, unter die Sauce mischen. Bis zum Servieren kalt stellen.

Guacamole

Ganz Mexiko · Gelingt leicht

Avocado-Dip

Zutaten für 4–6 Portionen:
2 mittelgroße Fleischtomaten
1 kleine Zwiebel
3 Chiles jalapeños (aus der Dose)
oder 3 frische scharfe Chilischoten
4 reife Avocados
2 Limetten
1 Bund frischer Koriander (ersatzweise glatte Petersilie)
Salz
schwarzer Pfeffer, frisch gemahlen

Zubereitungszeit: 30 Min.

Bei 6 Portionen pro Portion:
1400 kJ/330 kcal

1 Tomaten überbrühen, häuten, quer halbieren, entkernen und den Stielansatz entfernen. Das Fruchtfleisch fein hacken. Die Zwiebel schälen und ebenfalls sehr fein hacken.

2 Ein Chile jalapeno längs aufschlitzen, entkernen und winzigklein würfeln. Vorsicht, ist sehr scharf. Hände nicht in die Nähe der Augen bringen!

3 Avocados schälen, längs halbieren, den Kern entfernen und das Fruchtfleisch aus der Schale lösen. Limetten halbieren und auspressen. Avocados mit dem Saft in den Mixer geben und pürieren.

4 Das Avocadopüree mit den Tomaten, der Zwiebel und den Chilistückchen mischen. Koriander waschen, trockenschütteln und die Blättchen fein hacken. Unter die Sauce heben, mit Salz und Pfeffer abschmecken. Vor dem Servieren mit den restlichen beiden Chilischoten garnieren.

Tip! Mit Totopos, kleinen knusprig gebratenen Tortilla-Stückchen, oder Tortilla-Chips zum Dippen servieren. Sehr gut schmeckt auch ein knackig gegarter Blumenkohl mit Guacamole überzogen, den Sie als Vorspeise oder kleines vegetarisches Mittagessen servieren können.

Teufelssauce

Aus Oaxaca · Sehr scharf

Salsa endiablada

Zutaten für 4 Portionen:
3 getrocknete Chiles anchos
½ kleine Zwiebel
1 Knoblauchzehe

Zubereitungszeit: 15 Min.
(+ 30 Min. Garen)

Pro Portion: 16 kJ/3,8 kcal

1 Den Backofen auf 150° (Gas Stufe 1) vorheizen. Chiles anchos auf ein Blech legen und im Backofen (Mitte) etwa 5 Min. rösten, damit sich das Aroma entfaltet. Herausnehmen und abkühlen lassen.

2 Die Chilischoten aufschlitzen, sorgfältig Kerne und Stiele entfernen. Vorsicht, sind sehr scharf. Hände nicht in die Nähe der Augen bringen. Mit ⅛ l und 4 EL Wasser in einen kleinen Topf geben. Zwiebel und Knoblauch schälen, grob zerschneiden, hinzufügen und alles zugedeckt bei schwacher Hitze etwa 30 Min. köcheln, bis die Chiles anchos ganz weich sind.

3 Den Topfinhalt im Mixer oder mit dem Pürierstab zu einem dicken braunroten Mus pürieren. Kalt servieren.

Info: Die Sauce hält sich im Kühlschrank etwa 2 Wochen. Sie paßt zu Tortillas, Enchiladas und vielen anderen Gerichten.

Grüne Tomatensauce

Ganz Mexiko · Gelingt leicht

Tomatillo salsa

Zutaten für 4–6 Portionen:
1 Dose Tomatillos (grüne Tomaten, Abtropfgewicht 312 g)
1 Chile jalapeño (aus der Dose) oder 1 frische scharfe Chilischote
⅛ l Hühnerbrühe (Fertigprodukt)
1 Knoblauchzehe
1 Bund frischer Koriander (ersatzweise glatte Petersilie)
Saft von 1 Limette · Salz
Nach Belieben: Limettenscheiben und Korianderblättchen zum Garnieren.

Zubereitungszeit: 20 Min. (+ 15 Min. Abkühlzeit)

Bei 6 Portionen pro Portion: 47 kJ/11 kal

1 Die Tomaten aus der Dose in ein Sieb schütten und gut abtropfen lassen.

2 Chile jalapeño entkernen. Vorsicht, ist sehr scharf. Hände nicht in die Nähe der Augen bringen! Zusammen mit den Tomaten und der Hühnerbrühe in einen Topf geben.

3 Knoblauch schälen und dazupressen, die Sauce etwa 5 Min. bei schwacher Hitze offen köcheln lassen, dabei öfters umrühren. Anschließend im Mixer oder mit dem Pürierstab pürieren, durch ein feines Sieb streichen und abkühlen lassen.

4 Den Koriander waschen, trockenschütteln, die Blättchen abzupfen und fein hacken. Limettensaft mit dem Koriander unter die Sauce rühren und mit Salz abschmecken. Nach Belieben mit Limettenscheiben und Koriander garnieren.

Variante: Das Fruchtfleisch 1 reifen Avocado in einer Schüssel grob zerdrücken und mit dem Saft 1 Limette mischen. 1 feingehackte Zwiebel dazugeben und dann alles unter die Tomatillo-Sauce rühren. Durch die Avocado wird die Sauce etwas gehaltvoller.

Frische Tomatillos sind von einer pergamentähnlichen Hülle umgeben.

Tomaten

Tomatillos nennt man die grünen Tomaten, die eigentlich gar keine Tomaten sind, sondern nur aussehen wie die kleine, unreife Verwandte der roten Tomate. Sie gehören ebenfalls zur Familie der Nachtschattengewächse. Die kleine, feste, grasgrüne Frucht ist von einer dünnen, pergamentähnlichen, transparenten Hülle umgeben. Tomatillos entfalten ihr volles Aroma erst im gegarten Zustand, dann erinnert ihr Geschmack an eine Mischung aus Tomaten und Zitronen. In Europa sind sie frisch leider nicht zu bekommen, doch es gibt sie in der Dose in mexikanischen Spezialitätengeschäften oder im Versand. In der mexikanischen Küche werden Tomatillos vorwiegend für Saucen verwendet. Man kann sie notfalls durch kleine, unreife Tomaten ersetzen, doch der Geschmack ist leider ganz anders. Die roten, reifen Tomaten, die aus der Neuen Welt stammen und durch die Spanier nach Europa kamen, nennt man in Mexiko Jitomate. Freilandtomaten haben das beste Aroma. In den Wintermonaten kann man aber für warme Gerichte getrost auch Dosentomaten verwenden.

Bohneneintopf

Aus Jalisco · Braucht etwas Zeit

Frijoles sazonados estilo Jalisco

Zutaten für 4–6 Portionen:
500 g Wachtelbohnen (ersatzweise schwarze bzw. braune Bohnen)
50 g Schweineschmalz
2 mittelgroße Zwiebeln
8 Knoblauchzehen
200 g Chorizo (rote Paprikawurst, ersatzweise Kabanossi)
Salz
schwarzer Pfeffer, frisch gemahlen
1 frische rote mittelscharfe Chilischote zum Garnieren

Zubereitungszeit: 30 Min. (+ 12 Std. Einweichen + 2 Std. Garen)

Bei 6 Portionen pro Portion: 2200 kJ/520 kcal

1 Die Bohnen über Nacht in kaltem Wasser einweichen. Am nächsten Tag das Einweichwasser abgießen und die Bohnen in einen großen Topf geben.

2 2½ l frisches Wasser angießen und das Schweineschmalz bis auf 1 EL hinzufügen. 1 Zwiebel schälen, in Stücke schneiden und einlegen. Die Bohnen bei mittlerer Hitze in 1½–2 Std. weich kochen, dabei den Deckel einen Spaltbreit offen lassen.

3 Die Bohnen abgießen, das Kochwasser aufbewahren. Das restliche Schweineschmalz in einer Kasserolle erhitzen. Knoblauch und die restliche Zwiebel schälen und fein hacken und beides im heißen Schmalz andünsten.

4 Inzwischen Chorizo-Wurst häuten, in ½ cm dicke Scheiben schneiden und dann mit den abgetropften Bohnen in die Kasserolle geben. ¼–⅜ l Bohnenbrühe hinzugießen. Alles offen bei mittlerer Hitze etwa 10 Min. köcheln lassen, bis die Brühe leicht angedickt ist.

5 Inzwischen Chilischote waschen, in der Mitte durchschneiden. Mit einem Messer Kerne herausschaben, Chilischote in feine Ringe schneiden. Vorsicht, Hände nicht in die Nähe der Augen bringen! Bohnen mit Salz und Pfeffer abschmecken, mit Chiliringen bestreuen und servieren.

Chorizo-Suppe

Aus Zentralmexiko · Deftig

Sopa de chorizo con nopales

Zutaten für 4 Portionen:
½ Glas Kaktusblätter-Gemüse (Nopales al natural, Abtropfgewicht 450 g)
400 g Chorizo (rote Paprikawurst, ersatzweise Kabanossi)
1 Zwiebel
½ grüne Paprikaschote
1 Chile jalapeño (aus der Dose), oder 1 frische scharfe Chilischote
1 l Hühnerbrühe (Fertigprodukt)
1 Bund frischer Koriander (ersatzweise glatte Petersilie)
2 mittelgroße Tomaten
125 g Crème fraîche

Zubereitungszeit: 45 Min.

Pro Portion: 3000 kJ/710 kcal

1 Kaktusgemüse kalt abspülen und in einem Sieb gut abtropfen lassen. Chorizo häuten und in knapp 1 cm dicke Scheiben schneiden. Zwiebel schälen und fein hacken. Paprikaschote putzen, waschen und klein würfeln. Chilischote entkernen und fein hacken. Vorsicht, ist sehr scharf. Hände nicht in die Nähe der Augen bringen!

2 Die Wurstscheiben in einem Suppentopf ohne Fett bei schwacher Hitze so lange braten, bis sie leicht gebräunt sind. Das ausgetretene Fett abgießen. Zwiebel, Paprika und Chilistücke hinzufügen und unter Rühren bei schwacher Hitze im offenen Topf etwa 5 Min. schmoren.

3 Hühnerbrühe und Kaktusgemüse in den Topf geben, alles aufkochen und bei schwacher Hitze zugedeckt 15–20 Min. köcheln.

4 Inzwischen die frischen Beilagen in den mexikanischen Farben grün-weiß-rot zubereiten. Den Koriander waschen, Blättchen fein hacken und in ein Schälchen füllen. Die Tomaten waschen, quer halbieren, vom Stielansatz befreien, entkernen und klein würfeln. Tomatenwürfel und Crème fraîche jeweils in ein Schälchen füllen. Diese Beilagen zur Suppe servieren, damit sich jeder nach Wunsch bedienen kann.

Fischsuppe Veracruz-Art

Golf von Mexiko · Gelingt leicht

Sopa Veracruzana

Zutaten für 4 Portionen:
600 g Red Snapper- oder Rotbarschfilet
Saft von 1 Zitrone
Salz
schwarzer Pfeffer, frisch gemahlen
1 kleine Zwiebel
2 Knoblauchzehen
200 g Möhren
200 g Kartoffeln, mehligkochend
3 EL Olivenöl
500 g Tomaten · 3 TL Kapern
10 grüne Oliven, entsteint
50 g Reis · 2 Eier
1 Bund glatte Petersilie

Zubereitungszeit: 1 Std.

Pro Portion: 1700 kJ/400 kcal

1 Fisch kalt abspülen, trockentupfen und in etwa 3 cm große Stücke schneiden. Mit Zitronensaft beträufeln, salzen, pfeffern und zugedeckt kühl stellen.

2 Inzwischen Zwiebel und Knoblauchzehen schälen, die Zwiebel fein hacken. Möhren schälen und auf dem Gurkenhobel in dünne Scheiben hobeln. Die Kartoffeln schälen, waschen und in etwa 1 cm große Würfelchen schneiden.

3 Olivenöl in einem breiten Topf erhitzen. Die Zwiebel darin andünsten, den Knoblauch dazupressen. Möhren und Kartoffeln dazugeben und alles etwa 5 Min. bei schwacher Hitze dünsten.

4 Inzwischen Tomaten überbrühen, häuten und vom Stielansatz befreien. Das Fruchtfleisch grob hacken und zu den anderen Zutaten in den Topf geben. Kapern und Oliven hinzufügen. Mit 1 l Wasser aufgießen, salzen, pfeffern und aufkochen. Reis dazugeben und bei schwacher Hitze zugedeckt in etwa 25 Min. ausquellen lassen.

5 Eier in etwa 10 Min. hart kochen, abschrecken, pellen und fein hacken. Petersilie waschen, abzupfen und ebenfalls fein hacken.

6 Die Suppe abschmecken. Die Hälfte der Eier und der Petersilie untermischen, die Fischstücke hineinlegen und in etwa 5 Min. gar ziehen lassen. Die Suppe in vorgewärmte Teller füllen und mit den restlichen Eiern und der Petersilie bestreuen.

Hühnersuppe mit Avocado

Ganz Mexiko · Gelingt leicht

Caldo de pollo con aguacates

Zutaten für 4 Portionen:
1 kleine Zwiebel
1 l Hühnerbrühe (Fertigprodukt)
4 Hühnerbrustfilets (je etwa 200 g)
1 frische mittelscharfe Chilischote
1 reife Avocado
Saft von ½ Zitrone
1 Bund frischer Koriander (ersatzweise glatte Petersilie)
Salz
schwarzer Pfeffer, frisch gemahlen

Zubereitungszeit: 40 Min.

Pro Portion: 1400 kJ/330 kcal

1 Zwiebel schälen und feinhacken. Hühnerbrühe aufkochen. Hühnerbrustfilets einlegen, Zwiebel dazugeben und bei schwacher Hitze zugedeckt etwa 20 Min. in der Brühe ziehen lassen.

2 Chilischote längs aufschlitzen, entkernen, waschen und in feine Scheiben schneiden. Vorsicht, Hände nicht in die Nähe der Augen bringen!

3 Avodado schälen, längs halbieren und den Kern entfernen. Fruchtfleisch längs in schmale Spalten schneiden und sofort mit Zitronensaft beträufeln.

4 Die Hühnerbrüstchen aus der Brühe nehmen und quer in schmale Streifen schneiden. Die Chilischeibchen etwa 5 Min. in der Hühnerbrühe kochen.

5 Koriander waschen, trockenschütteln und die Blättchen nicht zu fein hacken. Das Hühnerfleisch mit den Avocadospalten und dem Koriander in vier Suppenteller verteilen. Die Hühnerbrühe mit Salz und Pfeffer abschmeckken und heiß darüber gießen.

Pilzsuppe

Aus Zentralmexiko · Gelingt leicht

Sopa de hongos

Zutaten für 4–6 Portionen:
1 mittelgroße Zwiebel
500 g Champignons
2 EL Olivenöl
600 g Fleischtomaten
2 Chiles jalapeños (aus der Dose), oder 2 frische scharfe Chilischoten
¾ l Fleischbrühe (Fertigprodukt)
Salz
schwarzer Pfeffer, frisch gemahlen
1 Bund frischer Koriander (ersatzweise glatte Petersilie)

Zubereitungszeit: 45 Min.

Bei 6 Portionen pro Portion: 290 kJ/69 kcal

1 Zwiebel schälen und fein hacken. Pilze putzen, kurz abbrausen und blättrig schneiden. Olivenöl in einem Topf erhitzen und die Zwiebelwürfel darin andünsten.

2 Die Champignons dazugeben und alles bei schwacher Hitze etwa 10 Min. dünsten.

3 Inzwischen die Tomaten überbrühen, häuten, quer halbieren, vom Stielansatz befreien, entkernen und fein hacken. Chiles jalapeños entkernen und kleinschneiden. Vorsicht, sind sehr scharf. Hände nicht in die Nähe der Augen bringen! Die Chilischoten mit den Tomaten zu den anderen Zutaten in den Topf geben.

4 Mit der Fleischbrühe aufgießen, alles salzen und pfeffern und bei mittlerer Hitze etwa 15 Min. zugedeckt köcheln lassen.

5 Den Koriander waschen, trockenschütteln, die Blättchen abzupfen, grob hacken und zum Schluß in die Suppe streuen.

Tip! Falls es schnell gehen muß, können Sie anstelle der frischen Tomaten auch 1 Dose Tomaten samt Saft verwenden. Statt der Champignons können Sie auch Austernpilze nehmen oder gleich beide Sorten mischen.

Kartoffelsuppe mit Ei

Aus Guerrero · Gelingt leicht

Sopa de papa y huevo duro

Zutaten für 4 Portionen:
300 g Kartoffeln, mehligkochend
2 Eier
1 kleine Zwiebel
1 EL Öl
2 Knoblauchzehen
¾ l Fleischbrühe (Fertigprodukt)
Salz
schwarzer Pfeffer, frisch gemahlen
1 große Fleischtomate
1 Bund frischer Koriander (ersatzweise glatte Petersilie)

Zubereitungszeit: 55 Min.

Pro Portion: 600 kJ/140 kcal

1 Kartoffeln waschen und in einen Topf füllen. Knapp mit Wasser bedekken und bei mittlerer Hitze im geschlossenen Topf etwa 30 Min. garen. Inzwischen Eier in etwa 10 Min. hart kochen, eiskalt abschrecken und abkühlen lassen.

2 Zwiebel schälen und fein hacken. Öl in einem Topf erhitzen und die Zwiebel darin andünsten. Den Knoblauch schälen und dazupressen.

3 Die Kartoffeln pellen und durch die Kartoffelpresse zu den Zwiebeln in den Topf drücken. Mit der Fleischbrühe aufgießen, salzen, pfeffern und etwa 10 Min. zugedeckt köcheln lassen.

4 Die Tomate überbrühen, häuten, quer halbieren, vom Stielansatz befreien und entkernen. Das Fruchtfleisch in kleine Würfel schneiden und unter die Suppe mischen.

5 Eier pellen und fein würfeln. Koriander waschen, trockenschütteln, die Blättchen fein hacken und die Hälfte davon in die Suppe rühren.

6 Die Suppe abschmecken. Dann in vier Suppentassen verteilen. Mit den Eierwürfeln und dem restlichen Koriander bestreuen und servieren.

Agua Yoli

Linsensuppe mit Ananas

Aus Oaxaca · Braucht etwas Zeit

Sopa de lentejas

Zutaten für 4–6 Portionen:
250 g möglichst kleine Linsen
100 g Speck, durchwachsen, in Scheiben
1 EL Öl
1 mittelgroße Zwiebel
1 l Fleischbrühe (Fertigprodukt)
250 g Kartoffeln, mehligkochend
Salz
schwarzer Pfeffer, frisch gemahlen
1 Prise Chilipulver
1 Baby-Ananas oder ½ Ananas
Saft von 1 Limette

Zubereitungszeit: 35 Min.
(+ 12 Std. Einweichen + 45 Min. Garen)

Bei 6 Portionen pro Portion:
1200 kJ/290 kcal

1 Linsen in eine Schüssel geben, mit kaltem Wasser bedecken und über Nacht einweichen.

2 Am nächsten Tag den Speck von der Schwarte befreien, dann in kleine Würfel schneiden. In einem Topf Öl erhitzen und den Speck bei schwacher Hitze ausbraten.

3 Inzwischen Zwiebel schälen, fein hacken, zum Speck geben und kurz andünsten. Linsen in einem Sieb abtropfen lassen, in den Topf geben, mit der Fleischbrühe auffüllen, aufkochen und etwa 45 Min. zugedeckt bei schwacher Hitze köcheln lassen, bis die Linsen fast weich sind.

4 Kartoffeln schälen, waschen, in kleine Würfel schneiden und untermischen. Die Suppe mit Salz, Pfeffer und Chilipulver kräftig würzen, nochmal kurz aufkochen und dann zugedeckt bei schwacher Hitze etwa 15 Min. köcheln lassen.

5 Inzwischen die Ananas schälen und das Fruchtfleisch klein würfeln. Limettensaft mit den Ananaswürfeln in die Suppe geben und kurz erwärmen. Die Suppe abschmecken und, falls nötig, nachwürzen.

Info: Die exakte Garzeit für Linsen hängt davon ab, wie frisch sie sind. Da man das bei Hülsenfrüchten nie ganz genau weiß, muß man einfach beim Garen immer wieder prüfen, ob die Linsen schon weich sind und die Garzeit danach richten.

Maiscremesuppe

Aus Colima · Gelingt leicht

Creme de elote

Zutaten für 4 Portionen:
1 Zwiebel · 1 EL Olivenöl
1 Dose Mais (Abtropfgewicht 285 g)
¾ l Geflügelbrühe (Fertigprodukt)
Salz
schwarzer Pfeffer, frisch gemahlen
Saft von ½ Limette
1 Bund frischer Koriander (ersatzweise glatte Petersilie)

Zubereitungszeit: 40 Min.

Pro Portion: 490 kJ/120 kcal

1 Zwiebel schälen und fein hacken. Olivenöl in einem Topf erhitzen und die Zwiebel darin andünsten.

2 Mais in einem Sieb gut abtropfen lassen. Zwei Drittel der Maiskörner in den Topf dazugeben. Mit Geflügelbrühe aufgießen, aufkochen und zugedeckt bei schwacher Hitze etwa 20 Min. köcheln.

3 Die Suppe im Mixer oder mit dem Pürierstab pürieren und durch ein feines Sieb streichen. Dann wieder in den Topf füllen. Die restlichen Maiskörner dazugeben, die Suppe kurz aufkochen und mit Salz, Pfeffer und Limettensaft abschmecken.

4 Den Koriander abbrausen, die Blättchen grob hacken, unter die Suppe mischen und servieren.

Tip! Sie können in der Saison auch frischen Mais verwenden.

Schwarze-Bohnen-Suppe

Aus Jalisco · Braucht etwas Zeit

Sopa de frijol negro

Zutaten für 4 Portionen:
250 g getrocknete schwarze Bohnen
1 Lorbeerblatt
50 g Speck, durchwachsen, ohne Schwarte, in Scheiben
3 EL Öl · 1 große Zwiebel
1 Knoblauchzehe · 1 Fleischtomate
1 l Fleischbrühe (Fertigprodukt)
Salz
schwarzer Pfeffer, frisch gemahlen
1 TL getrockneter Oregano
3 Zweige Epazote (mexikanisches Teekraut, ersatzweise Zitronenmelisse)
2 Mais-Tortillas vom Vortag (S. 26)
4 TL Crème fraîche
4 Limetten- oder Zitronenscheiben sowie ein paar Blättchen frischer Koriander (ersatzweise glatte Petersilie) zum Garnieren

Zubereitungszeit: 45 Min.
(+ 12 Std. Einweichen + 50 Min. Garen)
Pro Portion:
1800 kJ/430 kcal

1 Bohnen über Nacht in kaltem Wasser einweichen. Am nächsten Tag abgießen, die Bohnen in einen Topf geben, mit reichlich Wasser bedecken und mit dem Lorbeerblatt zugedeckt bei mittlerer Hitze in etwa 50 Min. weich kochen. In ein Sieb gießen, abtropfen lassen und das Lorbeerblatt entfernen. Die Bohnen im Mixer oder mit dem Pürierstab fein pürieren.

2 Speck klein würfeln. In einem Topf in 1 EL Öl anbraten. Die Zwiebel schälen, fein hacken, zum Speck geben und glasig dünsten. Den Knoblauch schälen und dazupressen.

3 Tomaten überbrühen, häuten, quer halbieren, entkernen und fein hacken. Mit Bohnenpüree zu den anderen Zutaten geben, Fleischbrühe dazugießen. Mit Salz, Pfeffer und Oregano würzen und etwa 15 Min. bei schwacher Hitze zugedeckt köcheln.

4 Epazote waschen, Blätter abzupfen. Blättchen in Streifen schneiden, in die Suppe rühren. Für Totopos Tortillas in schmale Streifen schneiden, im restlichen Öl bei starker Hitze knusprig braten.

5 Suppe abschmecken, in vier Tassen oder Teller füllen, je einen Teelöffel Crème fraîche in die Mitte geben und mit den Totopos bestreuen. Jeweils eine Limetten- oder Zitronenscheibe in die Suppe legen und mit je 1–2 Blättchen Koriander garnieren.

Getränk: Mexikanischer Landwein paßt gut zu diesem Gericht.

Epazote & Koriander

Koriander (li.) und Epazote (re.) sind Mexikos wichtigste Kräuter.

Epazote und Koriander sind die beiden wichtigsten Kräuter in der mexikanischen Küche. Epazote ist ein Teekraut mit sehr typischem, etwas an Zitronen erinnerndem Geschmack, das frisch verwendet wird. In Mexiko gehört es unbedingt in Bohnengerichte. In Europa kann man es nicht kaufen. Wer sich aber aus Mexiko Epazotesamen mitbringt, kann das aromatische Kraut unproblematisch im Blumentopf ziehen. Zur Not ist Epazote auch durch Zitronenmelisse zu ersetzen. Frischer Koriander ist einfacher zu bekommen, da er auch in der asiatischen Küche viel verwendet wird. Es gibt ihn in asiatischen Spezialgeschäften und in Gemüseläden. Mit Korianderkörnern können Sie frisches Koriandergrün selbst ziehen. Die zarten Blättchen haben ein intensives, charakteristisches Aroma. In Mexiko wird Cilantro, wie er dort heißt, in vielen Gerichten verwendet. Koriander kann durch glatte Petersilie ersetzt werden, der es aber mehr optisch als geschmacklich ähnlich ist. Cilantro wird immer frisch verwendet, denn es läßt sich nicht trocknen. Es ist sehr hitzeempfindlich, deshalb sollten Sie es bei gekochten Speisen erst am Ende der Garzeit dazugeben.

Kichererbseneintopf

Caldo de indianilla

Ganz Mexiko · Braucht etwas Zeit

Zutaten für 4 Portionen:
250 g Kichererbsen
4 Knoblauchzehen · 100 g Möhren
4 Hähnchenschenkel (je etwa 200 g)
100 g Reis
2 frische mittelscharfe Chilischoten
Salz
schwarzer Pfeffer, frisch gemahlen
Saft von 1 Limette
1 Bund frischer Koriander (ersatzweise glatte Petersilie)
1 Bund glatte Petersilie
1 kleine Zwiebel

Zubereitungszeit: 30 Min.
(+ 12 Std. Einweichen + 45 Min. Garen)
Pro Portion: 2100 kJ/500 kcal

1 Kichererbsen über Nacht einweichen, dann das Wasser abgießen.

2 Knoblauch schälen und 1 Zehe mit den Kichererbsen in einen Topf geben, mit knapp 1 l Wasser bedecken, aufkochen und zugedeckt bei mittlerer Hitze in etwa 45 Min. weich kochen.

3 Inzwischen Möhren schälen, in dünne Scheiben schneiden, mit Reis nach etwa 15 Min. in den Topf geben, umrühren, die Hähnchenschenkel darauf legen und bis Garzeitende zugedeckt mitgaren.

4 Die Hähnchenschenkel herausnehmen, häuten, das Fleisch von den Knochen lösen und in etwa 2 cm große Stücke schneiden.

5 Chilischoten entkernen, waschen und fein hacken. Vorsicht, Hände nicht in die Nähe der Augen bringen! Mit dem Hühnerfleisch in den Topf geben. Den restlichen Knoblauch dazupressen. Den Eintopf mit Salz, Pfeffer und Limettensaft abschmecken. Koriander und die Petersilie waschen, die Blättchen fein hacken und unter den Eintopf mischen.

6 Zwiebel schälen und sehr fein hacken. Die Zwiebelwürfel vor dem Servieren auf den Eintopf streuen.

Kalte Avocadosuppe

Sopa fria de aguacates y cilantro

Aus Yucatan · Geht schnell

Zutaten für 4 Portionen:
2 reife Avocados · 2 Limetten
1 große Salatgurke
1 kleine Zwiebel
1 Bund frischer Koriander (ersatzweise glatte Petersilie)
½ l Geflügelbrühe (Fertigprodukt)
Salz
weißer Pfeffer, frisch gemahlen
3 Scheiben Toastbrot
2 EL Butter · 2 Knoblauchzehen
Paprikapulver, edelsüß
1 Prise Chilipulver

Zubereitungszeit: 30 Min.
(+ 2 Std. Kühlen)
Pro Portion: 1600 kJ/380 kcal

1 Avocados schälen, halbieren und den Stein entfernen. Das Fruchtfleisch grob zerkleinern und in den Mixer oder einen Topf geben. Die Limetten auspressen und den Saft über die Avocados gießen.

2 Gurke schälen und längs halbieren. Die Kerne mit einem Löffel herausschaben. Das Fruchtfleisch in große Stücke schneiden und ebenfalls in den Mixer oder Topf geben. Zwiebel schälen, vierteln und hinzufügen. Alles im Mixer oder mit dem Pürierstab pürieren. Das Püree durch ein feines Sieb streichen.

3 Den Koriander waschen, trockenschütteln, Blättchen fein hacken und unter das Püree mischen. Die Geflügelbrühe unterrühren, kräftig salzen und pfeffern. Für etwa 2 Std. zugedeckt in den Kühlschrank stellen.

4 Inzwischen das Toastbrot in kleine Würfel schneiden. Die Butter in einer Pfanne erhitzen und die Brotwürfel darin goldbraun braten. Den Knoblauch schälen und darüber pressen. Die Brotwürfel mit Salz, Pfeffer, Paprika- und Chilipulver würzen und ganz auskühlen lassen.

5 Die Suppe nochmals gut durchrühren und in Suppentassen füllen. Mit den Brotcroûtons bestreuen.

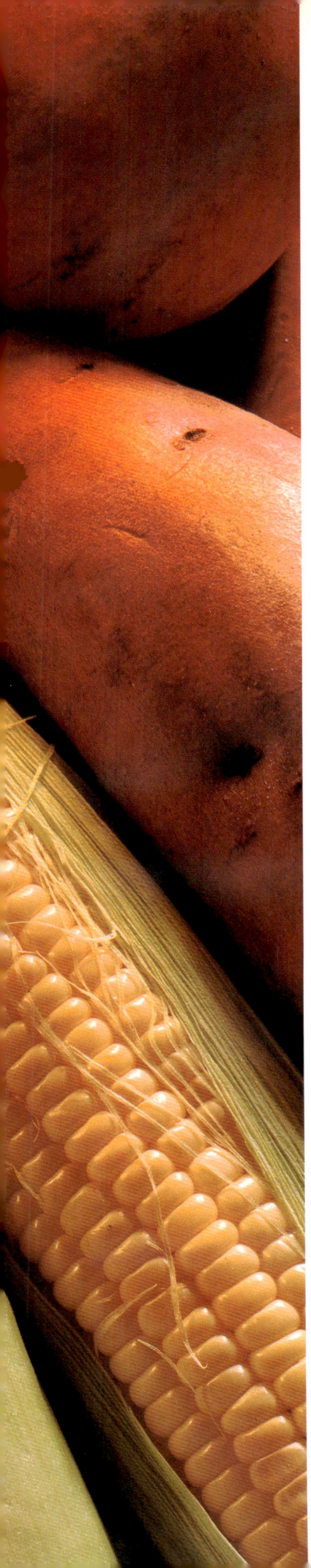

GEMÜSE, REIS & BOHNEN

Ein mexikanischer Gemüsemarkt ist ein Fest für die Sinne. Kunstvoll aufgestapelt werden Früchte und Gemüse auf den Verkaufsständen präsentiert. Bauern, die aus der nahen Umgebung auf den Markt kommen, bieten ihre Ware liebevoll dekoriert auf dem Boden, in Körben oder Schüsseln an. Viele der Gemüsesorten wie Zucchini, Mangold, Avocados, Spinat und Radieschen sind auch auf europäischen Märkten zu finden. Dagegen gibt es Chayote, einen rundlichen hellgelben bis grünen Kürbis, oder die Camote, eine mexikanische Süßkartoffel mit nussigem Aroma, wenn überhaupt nur in Spezialitätengeschäften zu kaufen. Gemüse wird in Mexiko weniger als Beilage, sondern als eigenständiges Gericht oder als Gang innerhalb eines Menüs gegessen. Ebenso verhält es sich mit Reis, der in vielen unterschiedlichen Zubereitungsarten vor der Hauptmahlzeit als »Sopa seca«, als »trockene« Suppe, auf den Tisch kommt. Eine besonders wichtige Rolle spielen die getrockneten Bohnen. Sie waren schon vor der spanischen Eroberung ein Grundnahrungsmittel und werden auch heute fast täglich als Beilage, Suppe, Eintopf, Saucengrundlage und als Püree gegessen.

Zucchini mit Mais

Aus Oaxaca · Gelingt leicht

Calabacitas con elote

Zutaten für 4 Portionen:
400 g möglichst kleine Zucchini
1 mittelgroße rote Paprikaschote
1 Dose Gemüsemais (Abtropfgewicht 285 g) oder 3–5 frische Maiskolben
1 mittelgroße Zwiebel
3 EL Butter
2 Knoblauchzehen
Salz
schwarzer Pfeffer, frisch gemahlen

Zubereitungszeit: 30 Min.

Pro Portion: 700 kJ/170 kcal

1 Zucchini waschen, von Stielansätzen befreien und auf dem Gurkenhobel in dünne Scheiben hobeln. Die Paprika vierteln, putzen, waschen, erst in Streifen, dann in kleine Würfel schneiden.

2 Den Mais aus der Dose in ein Sieb schütten und abtropfen lassen.

3 Zwiebel schälen und fein hacken. Butter in einer breiten Pfanne mit hohem Rand erhitzen und die Zwiebel darin glasig dünsten. Zucchinischeiben, Paprikawürfel und den Mais dazugeben.

4 Knoblauch schälen und über das Gemüse pressen. Alles durchrühren, salzen, pfeffern und bei mittlerer Hitze zugedeckt etwa 10 Min. dünsten.

Info: Wenn Sie frische Maiskolben verwenden, müssen Sie erst die Kerne mit einem scharfen Messer von den Maiskolben ablösen. Dann die Körner etwa 3 Min. in Salzwasser garen, abgießen und abtropfen lassen. Die Maiskörner werden dann, wie oben beschrieben, mit den Zucchini und Paprika zur Zwiebel gegeben und gedünstet.

Tip! Das Gericht kann als Zwischengericht, aber auch als Beilage zu Fleischgerichten serviert werden.

Geschmorte Chayote

Aus Zentralmexiko · Gelingt leicht

Chayote con jitomate

Zutaten für 4 Portionen:
1 mittelgroße Chayote (ersatzweise 600 g Zucchini)
1 große Fleischtomate
1 große Zwiebel
2 Knoblauchzehen
2 EL Öl
1–2 Chiles jalapeños (aus der Dose) oder frische scharfe Chilischoten
Salz
1 Bund frischer Koriander (ersatzweise glatte Petersilie)

Zubereitungszeit: 45 Min.

Pro Portion: 360 kJ/86 kcal

1 Chayote vom Stielansatz befreien, erst in Scheiben, dann in Würfel von etwa 1 cm Kantenlänge schneiden.

2 Tomate überbrühen, häuten, quer halbieren, entkernen und vom Stielansatz befreien. Das Fruchtfleisch fein hacken. Zwiebel und Knoblauch schälen und ebenfalls fein hacken.

3 Öl in einer Pfanne erhitzen. Zwiebel, Knoblauch und die ganzen Chiles jalapeños bei schwacher Hitze darin weich dünsten. Tomate und 200 ml Wasser untermischen und etwa 3 Min. kochen. Chayotewürfel untermischen, salzen und zugedeckt bei mittlerer Hitze etwa 10 Min. garen.

4 Inzwischen den Koriander waschen, trockenschütteln und die Blättchen fein hacken. Das Gemüse abschmecken und den Koriander einstreuen.

Tip! Dieses Gericht kann als vegetarisches Hauptgericht oder als Beilage zu Fisch, Fleisch und Geflügel serviert werden. Es schmeckt auch sehr gut, wenn Sie etwas Cheddarkäse oder Queso anejo (ersatzweise Parmesan) darüber streuen.

Süßkartoffeln mit Tequila

Aus Zentralmexiko · Herbstgericht

Camotes con lima y tequila

Zutaten für 4–6 Portionen:
1 kg Süßkartoffeln (ersatzweise 1 kg kleine Kartoffeln, festkochend)
125 g Butter · 2 TL Zucker
1 EL Limettensaft
2 EL Tequila · Salz
schwarzer Pfeffer, frisch gemahlen
2 Limetten

Zubereitungszeit: 45 Min.

Bei 6 Portionen pro Portion: 1200 kJ/290 kcal

1 Süßkartoffeln schälen und je nach Größe halbieren oder vierteln, dann in zentimeterdicke Scheiben schneiden.

2 Butter in einer sehr großen Pfanne oder 2 kleineren Pfannen erhitzen, aber nicht braun werden lassen. Kartoffelscheiben hineingeben und den Zucker darüber streuen. Die Kartoffeln bei mittlerer Hitze unter gelegentlichem Umrühren 15–20 Min. braten, bis sie leicht karamelisieren und glasig aussehen.

3 Limettensaft und Tequila unter die Kartoffeln rühren und noch 2–3 Min. weiterbraten.

4 Alles mit Salz und Pfeffer abschmecken. Die Limetten waschen, in Spalten schneiden und zu den Kartoffeln reichen, damit sich jeder nach Geschmack noch etwas Saft über die Kartoffeln pressen kann.

Tip! Die Kartoffeln sind ein köstliches Zwischengericht, passen aber auch besonders gut zu Schweinefleisch-Gerichten und zu Geflügel.

Tequila ist nach der zweiten Destillation glasklar.

Tequila

Tequila ist die bekannteste Spirituose Mexikos und das Lieblingsgetränk der Mexikaner. Er wird aus vergorenem Agavensaft destilliert, der aus dem Strunk der Maguey Agave (botanisch Tequilana Weber blau) gewonnen wird. Tequila wird mit Salz und Zitrone getrunken. Eigentlich heißt dieses Destillat Mezcal, was von »metl«, dem indianischen Wort für Agave, kommt. Mezcal ist die einfachere Version von Tequila. Er kommt vorwiegend aus der Provinz Oaxaca und wird mit einem »Maguey Wurm«, der in der Flasche schwimmt, angeboten. Tequila muß immer zweimal destilliert werden. Er ist nach dem gleichnamigen Städtchen in der Provinz Jalisco benannt. Um Tequila werden Agaven, speziell zur Tequilaherstellung, angebaut. Tequila ist nach der zweiten Destillation glasklar und wird teilweise als »fino« angeboten. Oder er wird in Eichenfässern oft jahrelang gelagert und bekommt eine zarte, goldgelbe Farbe und ein milderes Aroma. Getrunken wird er pur mit Salz und Zitrone oder in Cocktails wie Margarita oder Tequila Sunrise.

HECHO EN MEXICO
700 ml

Gefüllte Paprikaschoten

Aus Guerrero · Gelingt leicht

Chiles rellenos

Zutaten für 4 Portionen:
8 kleine grüne Paprikaschoten (je etwa 100 g, ersatzweise 8 frische Chiles poblanos aus der Dose)
40 g Frischkäse
1 Ei
4 frische mittelscharfe Chilischoten
1 Bund frischer Koriander (ersatzweise glatte Petersilie)
Salz
schwarzer Pfeffer, frisch gemahlen
1 Zwiebel
2 Knoblauchzehen
1 EL Olivenöl
600 g Tomaten
1 Lorbeerblatt

Zubereitungszeit: 55 Min.

Pro Portion: 700 kJ/170 kcal

1 Paprikaschoten waschen, den Deckel abschneiden, Samen und Kerne entfernen. (Mit Chiles poblanos ebenso verfahren.)

2 Frischkäse mit Ei in einer Schüssel verrühren. 2 Chilischoten aufschlitzen, entkernen, waschen und kleinschneiden. Vorsicht, Hände nicht in die Nähe der Augen bringen! Den Koriander waschen, trockenschütteln und die Blättchen fein hacken. Beides unter den Käse rühren, mit Salz und Pfeffer würzen.

3 Die Frischkäsemasse mit einem Teelöffel in die vorbereiteten Paprikaschoten füllen.

4 Zwiebel und Knoblauch schälen, die Zwiebel fein hacken. Öl in einem breiten Topf erhitzen und die Zwiebelwürfel darin bei schwacher Hitze glasig dünsten. Den Knoblauch dazupressen.

5 Die Tomaten überbrühen, häuten, quer halbieren, entkernen und vom Stielansatz befreien. Das Fruchtfleisch grob hacken. Mit dem Lorbeerblatt in den Topf geben, mit Salz und Pfeffer würzen und alles im geschlossenen Topf bei mittlerer Hitze etwa 5 Min. köcheln.

6 Die Paprikaschoten mit der Öffnung nach oben auf das Tomatenpüree setzen und im geschlossenen Topf bei schwacher Hitze weitere 20 Min. garen. Inzwischen die restlichen Chilischoten in der Mitte durchschneiden. Mit einem Messer Kerne herausschaben. Chilischoten dann in feine Ringe schneiden. Jeweils 2 Paprikaschoten mit Sauce auf einen Teller geben, mit Chiliringen garnieren und servieren.

Variante: Anstelle des Frischkäses können Sie auch eine Füllung aus 400 g Hackfleisch, 1 Ei, 1 kleinen Zwiebel, 2 kleinen Knoblauchzehen, 1 kleinen Chilischote, gehackt und gedünstet, sowie 1 EL Semmelbröseln zubereiten und in die Schoten füllen.

Gebratenes Bohnenpüree

Aus Guerrero · Braucht etwas Zeit

Frijoles refritos

Zutaten für 4–6 Portionen:
500 g getrocknete schwarze Bohnen oder Wachtelbohnen
1 Zwiebel
100 g Schweineschmalz (ersatzweise geschmolzene, leicht gebräunte Butter)
1 TL Salz
4 EL Öl
nach Belieben Queso fresco (ersatzweise milder Feta-Schafkäse), Tortilla-Chips, Tomatenachtel und Gurkenstreifen zum Garnieren

Zubereitungszeit: 30 Min. (+ 12 Std. Einweichen + 2½ Std. Garen)

Bei 6 Portionen pro Portion: 2200 kJ/520 kcal

1 Bohnen über Nacht mit Wasser bedeckt einweichen.

2 Bohnen abgießen und in einen Topf geben. Mit frischem Wasser bedecken, so daß es etwa 2 cm über den Bohnen steht. Zwiebel schälen, in Stücke schneiden und hinzufügen.

3 Alles bei schwacher Hitze 2–2½ Std. köcheln lassen, bis die Bohnen sehr weich sind und sich leicht zerdrücken lassen. Den Deckel des Topfes dabei einen Spaltbreit offen lassen, öfter umrühren und bei Bedarf etwas Wasser nachgießen.

4 Die Bohnen mit Schweineschmalz und Salz vermischen und im Mixer oder mit dem Pürierstab zu einem dicken Mus pürieren.

5 Das Bohnenpüree in einer großen Pfanne bei mittlerer Hitze ohne Fett unter Rühren etwa 10 Min. braten, damit das Püree möglichst trocken und fest wird.

6 Jeweils 2–3 EL Bohnenmus auf Tellern oder in Schälchen anrichten. Nach Belieben mit Tortilla-Chips, Tomatenachtel und Gurkenstreifen garnieren und zerkrümelten Käse darüber streuen.

Tip! Mit Teufelsauce servieren (S. 57). Sehr gut schmeckt das Bohnenmus auch auf knusprig geröstete Tortillas gestrichen, mit Zwiebelringen, Tomaten- und Avocadoscheiben und Hühnerfleisch belegt.

Bohnen

Trockenbohnen gibt es in Mexiko in vielen Größen und Farben.

Bohnen sind neben Mais das wichtigste Grundnahrungsmittel in der mexikanischen Küche. Wenn in Mexiko von Bohnen die Rede ist, sind nicht die frischen grünen Bohnen, Ejotes, gemeint, sondern getrocknete, die Frijoles heißen. Sie versorgen den Körper mit lebenswichtigen Vitaminen, besonders mit B_1 und B_2, sowie mit Mineralstoffen wie Eisen und Kalium. Da sie einen hohen Eiweißgehalt besitzen, bildeten sie schon in vorkolonialer Zeit zusammen mit dem kohlenhydratreichen Mais eine ausgewogene Ernährungsgrundlage. Trockenbohnen gibt es in ganz Mexiko in jeder Größe und Farbe: schwarz, weiß, rot, braun, lila, gefleckt, bis hin zu leuchtendem Gelb. Sie stehen fast täglich als Gemüse, Suppe, Eintopf, Püree oder Sauce auf dem Speisezettel, vom Frühstück bis zum Abendessen. Vor dem Kochen werden sie eingeweicht, am besten über Nacht, anschließend in reichlich Wasser weich gegart. Die Kochzeit kann nicht präzise festgelegt werden, da man nie genau weiß, wie lange die Bohnen schon lagern. Deshalb ist es am besten, sie öfters zu probieren und die Garzeit danach festzulegen. Ein Schnellkochtopf verkürzt die Garzeit und erspart oft das Einweichen.

Mexikanischer Reis

Ganz Mexiko · Gelingt leicht

Arroz a la mexicana

Zutaten für 4 Portionen:
400 g Fleischtomaten
1 Zwiebel
1 Knoblauchzehe
¼ l Fleischbrühe (Fertigprodukt)
200 g Langkornreis
Salz
schwarzer Pfeffer, frisch gemahlen
Nach Belieben 100 g tiefgekühlte, aufgetaute Erbsen und winzige Möhrenwürfel zum Garnieren

Zubereitungszeit: 40 Min.

Pro Portion: 840 kJ/200 kcal

1 Fleischtomaten überbrühen, häuten, quer halbieren, entkernen und den Stielansatz entfernen. Das Fruchtfleisch grob hacken.

2 Zwiebel und Knoblauchzehe schälen und ebenfalls grob hacken. Mit den Tomaten im Mixer oder mit dem Pürierstab pürieren. Das Püree in einen Topf füllen, die Brühe dazugießen und alles aufkochen.

3 Reis hineingeben, untermischen und zugedeckt bei schwacher Hitze in etwa 25 Min. ausquellen lassen. Mit Salz und Pfeffer würzen. Nach Belieben mit Erbsen und Möhrenwürfeln garnieren.

Variante: Grüner Reis
(Arroz verde)
1 kleine Zwiebel und 2 Knoblauchzehen fein hacken und in 1 EL heißem Öl andünsten. 250 g Blattspinat vorbereiten und dazugeben. 1 Bund Koriandergrün abzupfen und untermischen, alles etwa 5 Min. dünsten, salzen, pfeffern und pürieren. Alles in einer Pfanne erhitzen, mit 250 g gekochtem Reis und frischen grünen, gehackten Chilischoten nach Geschmack mischen.

Info: Dies ist eine typische »Sopa seca«, eine »trockene Suppe«, die oft vor einem Fisch-, Fleisch- oder Geflügelgang gereicht wird.

Granatapfelreis

Aus Chiapas · Gelingt leicht

Arroz con granadas

Zutaten für 4 Portionen:
300 g Fleischtomaten
knapp ½ l Hühnerbrühe (Fertigprodukt)
1 Zwiebel · 3 EL Öl
2 Knoblauchzehen
150 g Langkornreis
Salz
schwarzer Pfeffer, frisch gemahlen
1 Granatapfel
1 Banane
Saft von ½ Zitrone
1 Zweig frischer Koriander (ersatzweise glatte Petersilie)

Zubereitungszeit: 40 Min.

Pro Portion: 1100 kJ/260 kcal

1 Fleischtomaten überbrühen, häuten, quer halbieren, entkernen und vom Stielansatz befreien. Das Fruchtfleisch fein hacken. Die Hühnerbrühe aufkochen, die Tomatenstückchen hinzufügen und mitköcheln.

2 Inzwischen die Zwiebel schälen, fein hacken und in einem Topf im heißen Öl bei schwacher Hitze glasig dünsten. Den Knoblauch schälen und dazudrücken. Den Reis einstreuen und umrühren, bis alle Körnchen von einem Ölfilm überzogen sind.

3 Mit der Hühner-Tomaten-Brühe aufgießen, salzen, pfeffern und zugedeckt bei schwacher Hitze in 20–25 Min. ausquellen lassen.

4 Inzwischen den Granatapfel quer halbieren und die Kerne herauslösen. Die Banane schälen, in Scheiben schneiden und mit Zitronensaft beträufeln. Koriander abspülen, trockenschütteln und Blättchen abzupfen.

5 Die Granatapfelkerne und zwei Drittel der Bananenscheiben unter den fertigen Reis heben. Mit Korianderblättchen und den restlichen Bananenscheiben garnieren.

Variante: Reis mit Mais
(Arroz con elote)
Unter den Reis anstatt Granatapfel und Banane 1 kleine Dose (140 g) Gemüsemais und 1 frische, gehackte mittelscharfe Chilischote mischen.

Maisgratin

Aus Zentralmexiko · Gelingt leicht

Budín de elote

Zutaten für 4–6 Portionen:
1 große Zwiebel
1 große rote Paprikaschote
1 große grüne Paprikaschote
2 EL Olivenöl
3 Knoblauchzehen
2 Dosen Maiskörner (Abtropfgewicht je 285 g)
4 Eier · 3 EL Mehl
1 Prise Salz · 1 TL Zucker
schwarzer Pfeffer, frisch gemahlen
1 Prise Chilipulver
Fett für die Form

Zubereitungszeit: 20 Min. (+ 40 Min. Garen)

Bei 6 Portionen pro Portion: 1800 kJ/430 kcal

1 Zwiebel schälen und klein würfeln. Paprikaschoten putzen, waschen, erst in Streifen, dann in kleine Würfel schneiden.

2 Das Öl in einer breiten Pfanne erhitzen und die Zwiebel- und Paprikawürfel darin andünsten. Den Knoblauch schälen und dazupressen, alles etwa 5 Min. dünsten.

3 Den Backofen auf 200° (Gas Stufe 3) vorheizen.

4 Maiskörner in einem Sieb abtropfen lassen und im Mixer oder mit dem Pürierstab pürieren. Die Eier in einer Schüssel verquirlen. Das Maispüree mit dem Mehl und der Paprikamischung dazugeben. Alles verrühren, mit Salz, Zucker, 1 Prise Pfeffer und Chilipulver würzen.

5 Eine passende Auflaufform ausfetten, mit der Masse füllen und im Backofen (Mitte) 30–40 Min. garen.

Tip! Budín de elote ist ideal als Beilage zu Fleisch, aber auch ein eigenständiges vegetarisches Gericht.

Mais

Mais ist nach Weizen weltweit das wichtigste Grundnahrungsmittel. In Mexiko wurde er schon vor etwa 7000 Jahren kultiviert. Er galt bei den Azteken als heilige Pflanze, die vielen Gottheiten geweiht war. Auch für die Mayas war der Mais heilig. Die Pflanzen werden je nach Sorte bis über 4 m hoch, brauchen viel Licht und Wärme und werden in ganz Mexiko angebaut. Es gibt vielerlei Sorten, z.B. schwarzen, weißen, gelben und roten Mais. Er enthält hochwertiges Eiweiß, Vitamin C und B, Zucker sowie Kalium und Phosphor, 100 g haben etwa 100 Kalorien. Mais ist neben Bohnen die Grundlage der mexikanischen Küche. Frisch gegrillte Maiskolben werden in Mexiko an jeder Straßenecke angeboten, und Tortillas aus Maismehl gehören zu jedem Essen. In Deutschland gibt es frischen Gemüsemais von Frühsommer bis Herbst, sonst ist er in Dosen, aber auch tiefgekühlt zu bekommen. Maismehl für Tortillas gibt es in mexikanischen Spezialitätengeschäften.

Mais ist eines der wichtigsten Nahrungsmittel Mexikos.

Betrunkene Bohnen

Aus Colima · Braucht etwas Zeit

Frijoles borrachos

Zutaten für 4 Portionen:
250 g getrocknete Pinto- oder Kidneybohnen
250 g Fleischtomaten
1 große Zwiebel
100 g Speck, durchwachsen und in Scheiben
1 EL ÖL · 3 Knoblauchzehen
2 Chiles jalapeños (aus der Dose), oder 2 frische scharfe Chilischoten
Salz
schwarzer Pfeffer, frisch gemahlen
1 TL frischer Oregano
1 TL Kreuzkümmel · ½ l helles Bier

Zubereitungszeit: 30 Min.
(+ 12 Std. Einweichen + 1½ Std. Garen)
Pro Portion: 1800 kJ/430 kcal

1 Bohnen über Nacht in reichlich Wasser einweichen.

2 Tomaten überbrühen, häuten, quer halbieren, entkernen und vom Stielansatz befreien. Das Fruchtfleisch grob hacken. Zwiebel schälen und klein würfeln. Speck von der Schwarte befreien und in feine Streifen schneiden.

3 Öl in einem Topf erhitzen und die Speckstreifen darin kurz anbraten. Die Zwiebelwürfel dazugeben. Knoblauch schälen und dazupressen. Alles etwa 3 Min. bei mittlerer Hitze dünsten. Die Tomaten untermischen.

4 Chiles jalapeños entkernen und kleinschneiden. Vorsicht, sind sehr scharf. Hände nicht in die Nähe der Augen bringen! Die Bohnen abgießen und mit den Chiles zu den anderen Zutaten in den Topf geben. Mit Salz, Pfeffer, Oregano und Kreuzkümmel würzen.

5 Das Bier dazugießen, langsam aufkochen und zugedeckt etwa 1–1½ Std. bei schwacher Hitze köcheln lassen, bis die Bohnen weich sind.

Grüne Bohnen mit Limetten

Aus Guanajuato · Gelingt leicht

Ejotes con limòn

Zutaten für 4 Portionen:
600 g Prinzeßbohnen
Salz
1 Bund glatte Petersilie
4 EL Butter · 2 Limetten
schwarzer Pfeffer, frisch gemahlen
1 Prise Zucker
außerdem: Limettenscheiben

Zubereitungszeit: 25 Min.
Pro Portion: 540 kJ/130 kcal

1 Bohnen waschen und putzen. Reichlich Salzwasser aufkochen und die Bohnen darin in etwa 7 Min. knackig garen.

2 Inzwischen Petersilie waschen, trockenschütteln und die Blättchen fein hacken.

3 Butter in einem kleinen Topf bei schwacher Hitze schmelzen. Die Limetten auspressen und den Saft mit der Petersilie zur Butter geben. Mit Salz, Pfeffer und Zucker würzen.

4 Die Bohnen in einem Sieb abtropfen lassen und in einer Schüssel mit der Butter-Limetten-Sauce mischen. Nach Belieben mit Limettenscheiben garnieren und servieren.

Tip! Die Bohnen können als Zwischengang, aber auch zu Fisch, Fleisch oder Geflügel serviert werden.

FLEISCH & GEFLÜGEL

Die mexikanischen Ureinwohner ernährten sich hauptsächlich von Mais, Bohnen, Avocados, Chilischoten, Kürbissen und Fisch. Es war eine sehr ausgeglichene, wenn auch nicht vielseitige Ernährung. Fleisch wurde eher selten verzehrt und dann hauptsächlich von sehr wohlhabenden Bevölkerungsschichten. In noblen Haushalten gab es neben Wildkaninchen und Hirsch auch mal Truthahn, das einzige Haustier, das, neben einer Entenart, schon von den Mayas gezüchtet wurde. Die große Veränderung kam mit den spanischen Eroberern, die Hühner, Schafe, Ziegen, Schweine und Rinder mitbrachten und mit deren Zucht begannen. Damit wurde Mexiko nicht nur durch neue Fleischsorten bereichert, sondern auch durch andere tierische Produkte wie Käse, Milch, Eier und Fett. Schweinefleisch ist auch heute noch sehr beliebt und wird nach spanischem Vorbild verarbeitet, z. B. zu Chicharrones. Dafür wird die Schwarte getrocknet, knusprig ausgebraten und als Häppchen zum Getränk gereicht. Auch Chorizo, die würzige Paprikawurst, und die Longaniza, eine andere Wurstsorte, bereitet man wie in Spanien zu. Auch Schweineschmalz spielt eine wichtige Rolle und ist in vielen Gerichten unersetzlich. Im Norden bevorzugt man Rindfleisch. Auf großflächigen Weiden werden dort Rinder gezüchtet, deren gute Fleischqualität bekannt ist. Ebenso beliebt ist Geflügel, das je nach Region mit unterschiedlicher Sauce zubereitet wird. Hühnerfleisch ist auch als Füllung für Tacos, Tortillas, Tamales und Enchiladas sehr beliebt. Truthahn kommt meistens zu Festtagen, entweder mit einer üppigen Mole oder aber mariniert, »en escabeche«, auf den Tisch.

Lammkeule auf Yucatán-Art

Aus dem Süden · Braucht etwas Zeit

Pierna de cordero estito Yucateco

Zutaten für 4–6 Portionen:
1 TL Achiotepulver (s. Info. S. 105)
½ TL schwarzer Pfeffer, grob gemahlen
Salz · 3 EL Olivenöl
1 Lammkeule, entbeint (etwa 1 kg)
1 Zwiebel
100 g Semmelbrösel
1 EL abgeriebene Schale einer unbehandelten Orange
3–5 EL Orangensaft
1 TL abgeriebene Schale einer unbehandelten Zitrone
100 g Crème fraîche
1 Bund frischer Koriander (ersatzweise glatte Petersilie)
⅛ l Fleischbrühe (Fertigprodukt)
außerdem: Küchenzwirn

Zubereitungszeit: 1 Std. (+ 2 Std. Garen)

Bei 6 Portionen pro Portion: 2400 kJ/570 kcal

1 Achiotepulver mit Pfeffer, Salz und 2 EL Olivenöl mischen und das Lammfleisch damit einreiben. Den Backofen auf 200° (Gas Stufe 3) vorheizen.

2 Die Zwiebel schälen und fein hacken. Mit den Semmelbröseln in eine Schüssel füllen. Orangenschale, Orangensaft, Zitronenschale und Crème fraîche dazugeben.

3 Den Koriander waschen, trockenschütteln, die Blättchen fein hacken und mit den anderen Zutaten gut mischen. Die Füllung auf der Innenseite der Lammkeule verteilen.

4 Die Lammkeule von der Schmalseite her aufrollen und mit Küchenzwirn zusammenbinden.

5 Das restliche Öl in einem Bräter erhitzen, die Lammkeule darin rundum bei starker Hitze kräftig anbraten. Mit der Fleischbrühe aufgießen und zugedeckt in den Backofen (Mitte) stellen und etwa 2 Std. garen. Nach der Hälfte der Garzeit den Deckel abnehmen.

6 Die Lammkeule herausnehmen und zugedeckt etwa 15 Min. ruhen lassen. Den Küchenzwirn entfernen und das Fleisch in dünne Scheiben schneiden.

Info: In Jalisco und Michoacán wird das Gericht mit Hammel- oder Ziegenfleisch zubereitet.

Tip! Sie sollten die Lammkeule am besten beim Metzger vorbestellen. Als Beilage passen Süßkartoffeln mit Tequila (S. 76) sowie grüne Bohnen mit Limetten (S. 87).

Koteletts mit Bohnen

Aus Quintana Roo · Gelingt leicht

Chuletas de cerdo con frijoles

Zutaten für 4 Portionen:
1 große Zwiebel
1 grüne Paprikaschote
3 EL Olivenöl · 2 Knoblauchzehen
1 Dose Kidneybohnen (Abtropfgewicht 255 g)
1/8 l Fleischbrühe (Fertigprodukt)
Salz
schwarzer Pfeffer, frisch gemahlen
einige Tropfen Tabascosauce
4 Schweinekoteletts (je etwa 180 g)
50 g Cheddar-Käse, frisch gerieben

Zubereitungszeit: 40 Min.
Pro Portion: 2800 kJ/670 kcal

1 Zwiebel schälen und fein hacken. Paprikaschote putzen, waschen und in kleine Würfel schneiden. 1 EL Öl in einer Pfanne erhitzen und die Zwiebel mit den Paprikawürfeln darin andünsten. Den Knoblauch schälen und dazudrücken.

2 Kidneybohnen in ein Sieb schütten, kurz abbrausen und gut abtropfen lassen. In die Pfanne dazugeben, die Fleischbrühe angießen und umrühren. Mit Salz, Pfeffer und Tabasco kräftig würzen und zugedeckt bei schwacher Hitze etwa 15 Min. köcheln lassen.

3 Inzwischen die Schweinekoteletts kalt abwaschen, trockentupfen und von beiden Seiten pfeffern. Im restlichen Öl bei starker Hitze etwa 10 Min. braten, dabei einmal wenden. Zum Schluß salzen.

4 Die Koteletts auf vier vorgewärmte Teller legen, mit den Bohnen anrichten und mit geriebenem Käse bestreuen.

Tip! Als Beilage können Sie Tortillas (S. 26 u. 28) reichen.

Fleisch mit Früchten

Aus Oaxaca · Braucht etwas Zeit

Mancha manteles

Zutaten für 4–6 Portionen:
5 getrocknete Chiles anchos
1 kg Schweinelende oder -filet
4 EL Öl · 1 kleine Zwiebel
4 Knoblauchzehen
10 Mandeln, geschält
1 Zimtstange (etwa 3 cm)
je 1/2 TL getrocknete Nelken, Oregano, Thymian, 1/4 TL Pfefferkörner, zerstoßen
500 g reife Fleischtomaten
1 TL Salz · 1/4 TL Zucker
4 noch sehr feste Bananen
4 Scheiben frische Ananas
2 EL Butter

Zubereitungszeit: 35 Min. (+ 45 Min. Garen)

Bei 6 Portionen pro Portion: 1900 kJ/450 kcal

1 Chiles anchos aufschlitzen, Kerne und Trennwände entfernen. Chiles in einer trockenen Pfanne unter Rühren etwa 5 Min. rösten, in heißem Wasser etwa 20 Min. einweichen.

2 Schweinefleisch in fingerdicke Scheiben schneiden, in einem Topf in Öl bei starker Hitze anbraten. Herausnehmen und warm halten.

3 Zwiebel und Knoblauch schälen und in Stücke schneiden. Mit Mandeln, Zimtstange, Nelken, Thymian Oregano und Pfefferkörnern im Bratfett etwa 5 Min. unter Rühren anrösten.

4 Tomaten überbrühen, häuten und klein hacken. Zu den Gewürzen in den Topf geben und kurz mitschmoren. Die Chiles anchos abtropfen lassen, hinzufügen und den Topfinhalt im Mixer oder mit dem Pürierstab zu einer dicken, braunroten Sauce pürieren.

5 Das Püree wieder in den Topf geben, Salz, Zucker und knapp 1/4 l Wasser hinzufügen und bei schwacher Hitze offen etwa 10 Min. köcheln, dabei mehrmals umrühren. Das Fleisch in die Sauce legen und weitere 20 Min. zugedeckt bei mittlerer Hitze garen.

6 Bananen schälen und mit der Ananas in kleine Stücke schneiden. Butter in einer Pfanne erhitzen und die Früchte darin goldbraun braten. Ein paar schöne Stücke beiseite legen. Restliche Früchte zum Fleisch geben und alles noch 5–10 Min. bei schwacher Hitze schmoren lassen. Mit den beiseite gelegten Früchten garnieren und mit Reis servieren.

Schweineragout mit Kapern

Aus dem Süden · Gelingt leicht

Cerdo con acaperas

Zutaten für 4 Portionen:
1 große Zwiebel
2 EL Schweineschmalz
3 Knoblauchzehen
100 g Mandeln, frisch gemahlen
3 Nelken
1 Stück Zimtstange (3–4 cm)
1 TL Pfefferkörner
400 g Fleischtomaten
750 g Schweinehals
2 EL Kapern, abgetropft
100 g grüne Oliven, entsteint
3 eingelegte Peperoni
3/8 l Fleischbrühe (Fertigprodukt)

Zubereitungszeit: 45 Min.
(+ 45 Min. Garen)

Pro Portion: 3200 kJ/760 kcal

1 Zwiebel schälen und grob hacken. 1 EL Schweineschmalz in einer Pfanne erhitzen. Die Zwiebel dazugeben und bräunen. Den Knoblauch schälen und dazudrücken.

2 Mandeln, Nelken, Zimtstange und Pfefferkörner dazugeben, etwa 10 Min. bei schwacher Hitze andünsten und öfters umrühren. Die Nelken und die Zimtstange wieder herausnehmen, den restlichen Pfanneninhalt im Mixer oder mit dem Pürierstab pürieren.

3 Die Fleischtomaten überbrühen, häuten, vom Stielansatz befreien und grob hacken.

4 Das Fleisch in Würfel von etwa 1 1/2 cm Kantenlänge schneiden. Das restliche Schweineschmalz in einem breiten Topf erhitzen. Die Fleischwürfel darin portionsweise bei starker Hitze kräftig anbraten. Alles Fleisch in den Topf geben.

5 Das Gewürzpüree, die gehackten Tomaten, Kapern und Oliven dazugeben. Die Peperoni in Ringe schneiden, untermischen und mit der Fleischbrühe aufgießen.

6 Das Ragout zugedeckt bei mittlerer Hitze etwa 45 Min. schmoren, dabei öfters umrühren. Vor dem Servieren abschmecken und, falls nötig, nachwürzen.

Schweinelende mit Zucchini

Aus Toluca · Gelingt leicht

Lomo de cerdo con calabacitas

Zutaten für 4 Portionen:
2 mittelgroße Zwiebeln
600 g Fleischtomaten
750 g Schweinelende
2 EL Schweineschmalz
2 Knoblauchzehen
600 g Zucchini · Salz
schwarzer Pfeffer, frisch gemahlen
1 TL Cayennepfeffer
50 g Queso fresco (ersatzweise milder Feta-Schafkäse)

Zubereitungszeit: 50 Min.

Pro Portion: 2000 kJ/480 kcal

1 Zwiebeln schälen und fein hacken. Tomaten überbrühen, häuten, entkernen, das Fruchtfleisch grob zerschneiden. Schweinelende in Würfel von etwa 1 ½ cm Kantenlänge schneiden.

2 Schweineschmalz in einem breiten Topf erhitzen und die Fleischwürfel darin rundum kräftig anbraten, herausnehmen und beiseite stellen.

3 Zwiebeln im verbliebenen Bratfett glasig dünsten. Knoblauch schälen, dazupressen und kurz mitdünsten. Die Tomaten untermischen und alles bei schwacher Hitze etwa 5 Min. dünsten.

4 Inzwischen Zucchini waschen, von Stielansätzen befreien, längs vierteln und in Stücke, etwa so groß wie die Fleischwürfel, schneiden.

5 Das Fleisch und die Zucchini zu den anderen Zutaten in den Topf geben, umrühren und mit Salz, Pfeffer und Cayennepfeffer kräftig würzen. Das Ragout zugedeckt bei mittlerer Hitze etwa 20 Min. garen.

6 Inzwischen Käse auf einer Gemüsereibe grob raspeln und vor dem Servieren darüber streuen. Mit kalter Tomatensauce (S. 54) servieren.

Filet mit Erdnüssen

Aus Valladolid · Gelingt leicht

Lomo en salsa de cacahuates

Zutaten für 4 Portionen:
800 g Schweinefilet · Salz
schwarzer Pfeffer, frisch gemahlen
1 Prise Cayennepfeffer · 3 EL Öl
100 g Erdnüsse, ungesalzen, ohne Schale
1 mittelgroße Zwiebel
250 g Fleischtomaten
12 schwarze Oliven, entkernt
2 Nelken
1 Stück Zimtstange (3–4 cm)
350 ml Fleischbrühe (Fertigprodukt)
400 g kleine, möglichst gleich große Kartoffeln, festkochend
100 g Speck, durchwachsen, ohne Schwarte und in Scheiben
1 EL Schweineschmalz
1 Bund frischer Koriander (ersatzweise glatte Petersilie)

Zubereitungszeit: 1 Std.
Pro Portion: 3600 kJ/860 kcal

1 Schweinefilet von Häuten und Fettstückchen befreien, kalt abspülen und trockentupfen. Das Fleisch rundum salzen, pfeffern und mit 1 Prise Cayennepfeffer bestreuen. In heißen Öl in einem Topf bei starker Hitze rundum anbraten, herausnehmen und zugedeckt warm stellen.

2 Erdnüsse im verbliebenen Bratfett goldbraun rösten. Inzwischen Zwiebel schälen und fein hacken. Tomaten überbrühen, häuten, quer halbieren, entkernen und vom Stielansatz befreien. Das Fruchtfleisch grob hacken und mit der Zwiebel dazugeben.

3 Die Oliven grob hacken, mit den Nelken und der Zimtstange in den Topf geben, alles salzen und pfeffern. Dann die Fleischbrühe angießen und die Sauce etwa 10 Min. im offenen Topf bei schwacher Hitze leicht köcheln lassen.

4 Das Fleisch in die Sauce legen, einen Deckel aufsetzen und bei mittlerer Hitze etwa 25 Min. garen. Inzwischen die Kartoffeln in etwa 20 Min. weich kochen und pellen.

5 Den Speck klein würfeln und im heißen Schweineschmalz bei mittlerer Hitze in einer Pfanne ausbraten. Die ganzen Kartöffelchen darin schwenken. Den Koriander waschen, trockenschütteln, Blättchen fein hacken und über die Kartoffeln streuen.

6 Das Fleisch aus der Sauce nehmen und quer zur Faser in fingerdicke Scheiben schneiden. Die Sauce mit Salz und Pfeffer abschmecken und zum Fleisch und den Kartoffeln reichen.

Filetspitzen

Aus Chiahuahua · Gelingt leicht

Puntas de filete a la Mexicana

Zutaten für 4 Portionen:
600 g Rinderfiletspitzen
1 mittelgroße Zwiebel
1 Knoblauchzehe
500 g Fleischtomaten
4 frische mittelscharfe Chilischoten
2 EL Öl · 1 TL Essig
Salz
schwarzer Pfeffer, frisch gemahlen
1 Bund frischer Koriander (ersatzweise glatte Petersilie)

Zubereitungszeit: 1 Std.
Pro Portion: 1000 kJ/240 kcal

1 Fleisch erst in Scheiben, dann in schmale Streifen schneiden. Zwiebel und Knoblauch schälen, die Zwiebel fein hacken. Tomaten überbrühen, häuten, entkernen und grob hacken.

2 Chilischoten längs aufschlitzen, entkernen, waschen und in schmale Streifen schneiden. Vorsicht, sind sehr scharf. Hände nicht in die Nähe der Augen bringen!

3 Öl in einer breiten Pfanne erhitzen und das Fleisch portionsweise bei starker Hitze kräftig darin anbraten, anschließend herausnehmen und Temperatur herunterschalten.

4 Zwiebel in dem verbliebenen Bratfett glasig dünsten. Tomaten und Chilistreifen untermischen, Knoblauch dazupressen, mit Essig, Salz und Pfeffer würzen. Die Sauce etwa 10 Min. zugedeckt bei mittlerer Hitze köcheln.

5 Das Fleisch samt dem ausgetretenen Saft in die Sauce geben und etwa 5 Min. darin erhitzen. Koriander waschen und fein hacken. Unter das Fleisch mischen. Mit Reis servieren.

Chili-Kaninchen

Aus dem Norden · Braucht etwas Zeit

Conejo enchilado

Zutaten für 4–6 Portionen:
1 Kaninchen (etwa 2 kg), vom Händler in Portionsstücke geteilt, oder 2 kg tiefgekühlte Kaninchenteile
Salz
schwarzer Pfeffer, frisch gemahlen
1 Beutel getrockneter Chile pasilla (85 g, ersatzweise 1 Beutel Chiles anchos)
10 Knoblauchzehen
1 große Fleischtomate
1 Bund glatte Petersilie · 4 EL Öl
1 EL Essig · 1 TL Kümmel

Zubereitungszeit: 50 Min. (+ 30 Min. Marinieren + 45 Min. Garen)

Bei 6 Portionen pro Portion: 2400 kJ/570 kcal

1 Kaninchenteile kurz abspülen und trockentupfen. Dann rundherum salzen, pfeffern und in eine Schüssel legen.

2 Für die Marinade die Chiles pasilla längs aufschlitzen und die Kerne entfernen. Knoblauch schälen. Tomate überbrühen, häuten und achteln, dabei den Stielansatz entfernen. Petersilie waschen, trockenschütteln und die Blättchen abzupfen.

3 In einer großen Pfanne 2 EL Öl erhitzen. Chilischoten und Knoblauchzehen darin bei mittlerer Hitze etwa 5 Min. unter Rühren braten. Tomatenachtel, die Hälfte der Petersilie, Essig, Kümmel, Salz und Pfeffer hinzufügen und alles kurz durchschmoren. Dann den Pfanneninhalt im Mixer oder mit dem Pürierstab zu einem dickflüssigen Mus pürieren.

4 Die Kaninchenteile rundum mit dem Würzpüree bestreichen und damit bedecken. Zugedeckt im Kühlschrank etwa 30 Min. marinieren lassen.

5 Das restliche Öl in einem Schmortopf oder einem Bräter erhitzen. Die Kaninchenteile mitsamt dem Chili-Püree hineinlegen. Den Großteil der restlichen Petersilie und 1/4 l Wasser dazugeben. Alles zugedeckt bei schwacher Hitze auf dem Herd oder bei 190° (Gas Stufe 2) im Backofen (Mitte) etwa 45 Min. schmoren, bis das Fleisch weich ist. Dann mit dem Rest der Petersilie bestreuen.

Tip! Auf die gleiche Art kann man auch Huhn oder Putenfleisch zubereiten.

Hühnerbrust mit Walnuß

Aus Zentralmexiko · Gelingt leicht

Pechugas en nogada

Zutaten für 4 Portionen:
1/4 l Geflügelbrühe (Fertigprodukt)
4 Hühnerbrustfilets (je etwa 180 g)
250 g rote Paprikaschoten
100 g Walnußkerne, geschält
100 g Crème fraîche
100 g Doppelrahm-Frischkäse
Salz
schwarzer Pfeffer, frisch gemahlen

Zubereitungszeit: 45 Min.

Pro Portion: 2300 kJ/550 kcal

1 Den Backofen auf 250° (Gas Stufe 5) vorheizen. Geflügelbrühe in einem flachen Topf aufkochen. Hühnerbrustfilets einlegen und zugedeckt bei mittlerer Hitze in etwa 25 Min. garziehen lassen. Aus dem Sud nehmen und warm stellen. Den Sud aufheben.

2 Inzwischen die Paprikaschoten putzen, waschen und längs halbieren. Auf den Rost legen und im Backofen (Mitte) etwa 20 Min. garen, bis die Haut braun wird und Blasen wirft.

3 Inzwischen die Walnüsse im Mixer fein mahlen und in einem Topf mit der Crème fraîche, dem Frischkäse und 200 ml der Geflügelbrühe verrühren. Die Sauce etwa 5 Min. köcheln lassen und mit Salz und Pfeffer abschmecken.

4 Die Paprikaschoten häuten und das Fruchtfleisch in schmale Streifen schneiden. Die Hühnerbrustfilets auf einer Platte anrichten, mit der Walnußsauce überziehen und mit den Paprikastreifen garnieren.

AGUAMINERAL

Puter mit Molesauce

Aus Puebla · Braucht etwas Zeit

Mole poblano de Guajolote

Zutaten für 8–10 Portionen:
1 Babyputer (etwa 4 kg), vom Händler in Portionsstücke zerteilt
4 EL Schweineschmalz · Salz
2 große Zwiebeln
13 Knoblauchzehen
6 getrocknete Chiles guajillos
4 getrocknete Chiles anchos
3 getrocknete Chiles pastillas
3 EL Öl · 1 kg Fleischtomaten
100 g Mandeln, geschält
50 g Erdnüsse, geschält · 4 EL Sesam
1 Stück Zimtstange (etwa 4 cm)
½ TL Anissamen
100 g Rosinen
1 Prise Nelken, gemahlen
1 Prise Koriander, gemahlen
100 g Blockschokolade
schwarzer Pfeffer, frisch gemahlen

Zubereitungszeit: 2 Std.

Bei 10 Portionen pro Portion:
4100 kJ/980 kcal

1 Backofen auf 220° (Gas Stufe 4) vorheizen. Puterteile in einem Bräter in Schmalz bei mittlerer Hitze rundum anbraten, salzen. Zwiebeln und Knoblauch schälen und grob zerschneiden. 1 Zwiebel und 3 Knoblauchzehen dazugeben. Die Puterteile mit etwa 2 l Wasser bedecken und zugedeckt im Backofen (Mitte) etwa 1¼ Std. garen.

2 Chilischoten aufschlitzen, Kerne und Scheidewände entfernen. Vorsicht, die Chilischoten sind sehr scharf. Hände nicht in die Nähe der Augen bringen! In Öl in einer Pfanne etwa 2 Min. braten. In eine Schüssel geben, mit heißem Wasser übergießen und etwa 25 Min. quellen lassen.

3 Tomaten überbrühen, häuten, entkernen, im Mixer pürieren und in einen breiten Topf geben.

4 Im Bratfett der Chilischoten, Mandeln und Erdnüsse bei mittlerer Hitze goldgelb rösten, in eine Schüssel füllen. 2 EL Sesam rösten. Zimtstange und Anissamen im selben Fett rösten, in die Schüssel geben. Restliche Zwiebel und Knoblauch goldgelb braten, Rosinen mitbraten, bis sie prall sind. Mit Nelken und Koriander würzen, mit den anderen Zutaten und den abgetropften Chilischoten pürieren.

5 Das Püree zu den Tomaten geben, etwa 5 Min. köcheln. Blockschokolade grob zerbröckeln und unterrühren. Puterteile aus dem Schmorsud nehmen. Von der Brühe ¾ l abmessen, zur Sauce gießen und unter Rühren bei mittlerer Hitze etwa 15 Min. köcheln lassen. Puterteile hineinlegen und 10–15 Min. bei schwacher Hitze darin ziehen lassen. Restlichen Sesam in einer trockenen Pfanne rösten und vor dem Servieren auf das Gericht streuen.

Kakao & Schokolade

Kakaobohnen wurden von den Azteken auch als Zahlungsmittel verwendet.

Der Kakaobaum ist in Mexiko beheimatet, wo er bei konstantem Tropenklima gut gedeiht. Die reifen Früchte werden mit einem Buschmesser vom Baum geschlagen, geöffnet und die Samen, die von einer weißen Masse, Pulpa genannt, umgeben sind, herausgenommen. Sie werden dann angehäuft und zugedeckt. Nach kurzer Zeit setzt die Fermentation ein. Dabei oxidieren die Gerbstoffe, die Pulpa löst sich ab, und die Samenkerne färben sich dunkel. So entsteht in 5–10 Tagen das typische Kakaoaroma. Dann werden die Kerne geröstet und gemahlen, dabei tritt das Fett aus den Bohnen, und es entsteht eine braune, zähfließende Masse, die zu Kakaopulver, Kakaobutter oder Schokolade weiterverarbeitet wird. Als die Spanier nach Mexiko kamen, war Xocoatl, Schokolade, eine Spezialität am aztekischen Hof. Das herbschmeckende Getränk begann bald seinen Siegeszug um die Welt. In Mexiko besteht Schokolade aus Kakao, Zucker und Zimt oder anderen Gewürzen. Sie wird zu runden Platten gepreßt. In Milch oder Wasser aufgelöst, genießt man Schokolade als Getränk, sie ist aber auch eine typische Saucenzutat.

Hähnchen mit Ananas

Aus Oaxaca · Gelingt leicht

Pollo con piña

Zutaten für 4 Portionen:
1 Hähnchen, küchenfertig vorbereitet (etwa 1,2 kg)
1 Zwiebel · 2 Knoblauchzehen
je 1 grüne und rote Paprikaschote
1 mittelgroße Ananas
2 EL Öl · Salz
schwarzer Pfeffer, frisch gemahlen
2 Nelken · 1 Lorbeerblatt
1 Stück Zimtstange (3–4 cm)
1 Zweig frischer Thymian
¼ l Geflügelbrühe (Fertigprodukt)

Zubereitungszeit: 45 Min. (+ 30 Min. Garen)

Pro Portion: 2300 kJ/550 kcal

1 Hähnchen kalt abspülen, trockentupfen und in 6–8 Portionsstücke teilen. Zwiebel schälen, fein hacken und in eine Schüssel geben. Knoblauch schälen und dazupressen.

2 Paprikaschoten vierteln, putzen, waschen und klein würfeln. Die Ananas vom Schopf befreien, großzügig schälen, vierteln und den inneren harten Strunk herausschneiden. Das Fruchtfleisch in kleinere Stücke schneiden und mit den Paprikawürfeln mischen.

3 Backofen auf 200° (Gas Stufe 3) vorheizen. Öl in einer Reine erhitzen und die Hähnchenteile darin rundum bei mittlerer Hitze goldbraun anbraten. Salzen, pfeffern und herausnehmen.

4 Zwiebeln und Knoblauch im verbliebenen Bratfett glasig dünsten. Die Mischung aus Paprika und Ananas dazugeben, salzen, pfeffern. Nelken, Lorbeerblatt, Zimtstange und Thymian hinzufügen. Mit der Geflügelbrühe aufgießen.

5 Die Hähnchenteile auf die Gemüsemischung legen und in der offenen Reine im Backofen (Mitte) etwa 30 Min. garen. Dazu Reis reichen.

Hähnchen mit grüner Mole

Aus La Garita · Braucht etwas Zeit

Pollo en mole verde

Zutaten für 4 Portionen:
1 Hähnchen, küchenfertig vorbereitet (etwa 1,2–1,5 kg)
2 Zwiebeln · Salz
50 g Mandeln, geschält
50 g Walnußkerne
100 g grüne Kürbiskerne, geschält
2 Knoblauchzehen
2 EL Schweineschmalz
1 Dose Tomatillos (grüne Tomaten, Abtropfgewicht 300 g)
1 große Dose Chiles poblanos
2–3 Chiles jalapeños (aus der Dose)
1 frische rote Chilischote zum Garnieren

Zubereitungszeit: 1 Std. (+ 1 Std. Garen)

Pro Portion: 3600 kJ/860 kcal

1 Hähnchen in einen Topf geben, mit Wasser bedecken. 1 Zwiebel schälen, in Stücke schneiden, mit Salz dazugeben. Aufkochen und etwa 30 Min. zugedeckt bei mittlerer Hitze garen.

2 Hähnchen herausnehmen, etwas abkühlen lassen, dann in 6–8 Portionsstücke teilen, die Haut abziehen. Brühe durch ein Sieb gießen und aufheben.

3 Mandeln mit Walnuß- und Kürbiskernen in einer Pfanne ohne Fett bei mittlerer Hitze unter Rühren rösten, bis die Kürbiskerne aufplatzen. Die Nußmischung im Mixer ganz fein mahlen.

4 Restliche Zwiebel und Knoblauch schälen und fein hacken. Im heißen Schmalz glasig dünsten. Tomatillos abtropfen lassen. Chiles poblanos und jalapeños abtropfen lassen, von den Stielen befreien, entkernen und in Streifen schneiden. Vorsicht, Hände nicht in die Nähe der Augen bringen! Mit den Tomatillos zur Zwiebel geben, alles etwa 10 Min. bei mittlerer Hitze dünsten.

5 Die Nußmischung und ⅜ l von der Brühe unterrühren und zugedeckt weitere 5 Min. bei schwacher Hitze köcheln. Im Mixer zu einer dickflüssigen Sauce pürieren, wieder in den Topf füllen und mit Salz abschmecken. Hähnchenteile in der Sauce nochmals zugedeckt 10 Min. erhitzen. Nach Belieben mit 1 kleingehackten Chilischote garnieren.

Marinierter Truthahn

Aus Campeche · Braucht etwas Zeit

Pavo en escabeche

Zutaten für 8–10 Portionen:
1 Babyputer, vom Händler in Portionsstücke zerteilt (3–4 kg)

Für die Gewürzpaste:
3 EL Achiotepulver
2 EL Orangensaft
1 EL Weißweinessig

Für die weitere Zubereitung:
½ l kräftige Geflügelbrühe (Fertigprodukt)
1 kg rote Zwiebeln
6 frische scharfe Chilischoten
4 Knoblauchzehen · 2 TL Oregano
1 TL Kreuzkümmel, gemahlen
1 TL Salz · ¼ l Orangensaft

Zubereitungszeit: 45 Min.
(+ 1¼ Std. Garen)

Bei 10 Portionen pro Portion:
3200 kJ/760 kcal

1 Puterstücke kalt abspülen und trockentupfen. Mit einem scharfen Messer jeweils mehrere 2–3 cm tiefe Einschnitte in die Hautseite der Fleischstücke machen. Backofen auf 200° (Gas Stufe 3) vorheizen.

2 Für die Gewürzpaste das Achiotepulver mit Orangensaft und Essig zu einer dicken Paste vermischen.

3 Die Puterteile mit der Paste rundum gründlich einreiben und dabei die Paste auch unter die Haut und in die Einschnitte geben.

4 Die Puterteile in einen großen Bräter legen und die Geflügelbrühe angießen. Den Puter zugedeckt im Backofen (Mitte) 1–1¼ Std. garen, bis das Fleisch weich ist.

5 Inzwischen Zwiebel schälen und in sehr dünne Scheiben schneiden. Frische Chilischoten entkernen, waschen und in Streifen schneiden. Vorsicht, Hände nicht in die Nähe der Augen bringen!

6 Ungeschälten Knoblauch mit Oregano und Kreuzkümmel in einer trockenen Pfanne rösten, bis die Gewürze aromatisch duften. Dann den Knoblauch schälen und mit den Gewürzen im Mörser fein zerreiben.

7 Die Puterteile aus der Brühe nehmen und abtropfen lassen. Die Brühe in

eine Schüssel gießen, etwas abkühlen lassen und das Fett abschöpfen.

8 Den Backofengrill vorheizen. Die Puterteile auf einem Rost mit untergeschobener Fettpfanne etwa 20 Min. grillen, bis die Haut knusprig ist. Zwischendurch wenden.

9 Inzwischen ¼ l von der abgekühlten Hühnerbrühe in einen Topf füllen, die Knoblauchmischung, Salz, Orangensaft und die Zwiebelscheiben hinzufügen und zugedeckt bei mittlerer Hitze 10–15 Min. garen. Zum Schluß die Chilistreifen unterrühren.

10 Die Puterteile auf einer großen Platte anrichten. Mit der Zwiebel-Chili-Mischung bedecken. Warm oder abgekühlt servieren.

Info: Wenn Sie das Achiotepulver nicht bekommen, können Sie die Paste auch selber machen. Dazu müssen Sie 8 geschälte Knoblauchzehen in eine Schüssel pressen. Dann je 1 TL Nelken, Piment, Kreuzkümmel und Koriander sowie 1½ TL Zimt, alles gemahlen, 1 TL grob zerstoßenen Pfeffer, 2 TL getrockneten Oregano, 1 Msp. Cayennepfeffer und 1 EL mexikanisches Chilipulver mischen und mit dem Knoblauch verrühren. Dann erst Orangensaft und Essig dazugeben und verrühren.

Tip! Den Babyputer eventuell beim Händler vorbestellen.

FISCH & MEERES-FRÜCHTE

Mit Fisch und Meeresfrüchten ist Mexiko dank seiner vielen Küsten reich gesegnet. Der Pazifik, der Golf von Mexiko, der Golf von Kalifornien und die Karibik liefern Fisch und Meeresfrüchte in großer Vielfalt. Ebenso vielfältig sind auch die Zubereitungsarten. Feinschmecker lieben Fische und Meeresfrüchte, einfach nur gegrillt, mit etwas Knoblauch und mit Limettensaft beträufelt. Es gibt noch viele andere Zubereitungsarten, die auch bei uns leicht nachzuvollziehen sind und wunderbar schmekken. Eine davon ist Ceviche, eine Zubereitung aus rohem, festfleischigem Fisch, der kleingeschnitten, mariniert und schließlich eisgekühlt serviert wird. Eine Spezialität, die es sich zu probieren lohnt. Der für Mexiko typischste Fisch ist der Huachinango, bei uns als Red Snapper bekannt. Er wird gerne a la Veracruzana mit Tomaten und Gewürzen zubereitet. Daneben gibt es Tintenfisch, Schwertfisch, Makrelen, Seebarsch und viele andere bei uns weniger bekannte Fischarten. Und dann natürlich Meeresfrüchte: Garnelen und Hummer, Langusten, Austern und Muscheln. Im Landesinneren ist das Angebot an frischen Fischen und Meeresfrüchten geringer, doch dafür findet man sie in konservierter Form: getrocknete Garnelen in jeder Größe und Bacalao, nach spanischem Vorbild getrockneter und gesalzener Stockfisch, den es auf jedem Markt in Mexiko zu kaufen gibt.

Red Snapper Veracruz-Art

Vom Golf von Mexiko · Gelingt leicht

Huachinango a la Veracruzana

Zutaten für 4 Portionen:
1 Zwiebel
2 EL Olivenöl
500 g Fleischtomaten
50 g grüne Oliven, entsteint
2 EL Kapern
3 frische Chiles güeros (ersatzweise Peperoni)
Salz
schwarzer Pfeffer, frisch gemahlen
1 Red Snapper, vom Händler filetiert (etwa 800 g, ersatzweise 4 Portionsstücke Rotbarsch, je etwa 180 g)
Zitronensaft

Zubereitungszeit: 45 Min.

Pro Portion: 1200 kJ/290 kcal

1 Zwiebel schälen und fein hacken. Olivenöl in einem breiten Topf erhitzen und die Zwiebel darin weich dünsten.

2 Tomaten überbrühen, häuten, vom Stielansatz befreien und im Mixer oder mit dem Pürierstab pürieren. Dann durch ein Sieb streichen. Oliven halbieren und mit den Kapern und den pürierten Tomaten in den Topf geben. Chiles güeros entkernen, waschen, in Ringe schneiden und untermischen.

3 Die Sauce bei mittlerer Hitze im offenen Topf etwa 5 Min. köcheln lassen, bis sie dicklich geworden ist. Mit Salz und Pfeffer kräftig würzen.

4 Den Fisch waschen, trockentupfen, mit Zitronensaft beträufeln, salzen und pfeffern. Die Fischstücke in die Sauce legen und in 6–8 Min. bei schwacher Hitze im geschlossenen Topf gar ziehen lassen. Dazu paßt Reis.

Getränk: Mexikanischer Landwein schmeckt besonders gut dazu.

Variante: Red Snapper schmeckt auch gegrillt sehr gut. Dafür Petersilie oder Koriander in die Bäuche von 4 küchenfertig vorbereiteten Rotbarsche legen. Die Fische mit Limettensaft beträufeln, salzen, pfeffern und 10–25 Min. grillen, dabei einmal wenden. Mit kalter Tomatensauce (S. 54) servieren.

Stockfisch auf Tampico-Art

Aus Tampico · Braucht etwas Zeit

Bacalao a la Tampicueña

Zutaten für 4 Portionen:
1 kg Stockfisch
3 rote mittelgroße Paprikaschoten
1 große Zwiebel · 2 EL Olivenöl
6 Knoblauchzehen
2 Chiles jalapeños (aus der Dose) oder 2 frische scharfe Chilischoten
Nach Belieben halbierte Zitronenachtel zum Garnieren
schwarzer Pfeffer, frisch gemahlen
Salz

Zubereitungszeit: 1 Std. (+ 24 Std. Wässern)

Pro Portion: 3900 kJ/930 kcal

1 Stockfisch mindestens 24 Std. in reichlich kaltes Wasser legen und das Wasser mehrmals erneuern.

2 Den Backofen auf 250° (Gas Stufe 5) vorheizen. Paprikaschoten halbieren, putzen, mit der Schnittfläche nach unten auf den Rost legen und in den Backofen (Mitte) schieben.

3 Nach 15–20 Min., wenn die Schale dunkel wird und Blasen wirft, herausnehmen und etwas abkühlen lassen. Die Haut abziehen und das Fruchtfleisch in Streifen schneiden.

4 Zwiebel schälen und fein hacken. Olivenöl in einer großen Pfanne erhitzen und die Zwiebel darin glasig dünsten. Den Knoblauch schälen und dazupressen.

5 Chiles jalapeños längs aufschlitzen, entkernen und in feine Ringe schneiden. Vorsicht, sind sehr scharf. Hände nicht in die Nähe der Augen bringen! Mit den Paprikastreifen in die Pfanne geben, ⅛ l Wasser hinzufügen, aufkochen und alles zugedeckt bei mittlerer Hitze etwa 5 Min. dünsten.

6 Den Pfanneninhalt im Mixer oder mit dem Pürierstab pürieren und die Sauce wieder aufkochen. Mit Pfeffer und wenig Salz abschmecken.

7 Den Stockfisch aus dem Wasser nehmen, abspülen, falls nötig von restlichen Gräten befreien und in kleinere Stücke schneiden. Die Fischstücke in die heiße Sauce legen. Den Stockfisch etwa 10 Min. zugedeckt bei mittlerer Hitze gar ziehen lassen. Zusammen mit der Sauce auf vorgewärmten Tellern anrichten. Nach Belieben mit Zitrone garnieren.

Roher marinierter Fisch

Aus Acapulco · Gelingt leicht

Ceviche

Zutaten für 4 Portionen:
2 frische Makrelen (je etwa 500 g)
Salz
Saft von 6 Zitronen
2 Chiles jalapeños (aus der Dose) oder 2 frische scharfe Chilischoten
1 EL Essig
1 TL getrockneter Oregano
4 EL Olivenöl
500 g Tomaten
2 kleine Zwiebeln
2 reife Avocados

Zubereitungszeit: 40 Min. (+ 3 Std. Marinieren)

Pro Portion: 3600 kJ/860 kcal

1 Fisch häuten und die Filets vorsichtig von den Gräten heben. Die Fischfilets in kleine Würfel schneiden, in eine flache Schale geben und leicht salzen.

2 Saft von 5 Zitronen über den Fisch gießen, durchmischen und die Makrelenwürfel etwa 3 Std. zugedeckt im Kühlschrank marinieren.

3 Die Chiles jalapeños längs aufschneiden, entkernen und fein hacken. Vorsicht, sind sehr scharf. Hände nicht in die Nähe der Augen bringen! Chiles mit Essig, Oregano und Öl mischen.

4 Tomaten überbrühen, häuten, quer halbieren, entkernen und vom Stielansatz befreien. Das Fruchtfleisch in kleine Würfel schneiden. Zwiebeln schälen, 1 Zwiebel fein hacken und unter die Tomaten mischen. Die andere Zwiebel in feine Ringe schneiden und beiseite stellen.

5 Den Fisch aus der Marinade nehmen und in einer großen Schüssel mit der Tomaten-Zwiebel-Mischung und der Chilisauce mischen. Alles in der Mitte einer Platte anrichten.

6 Avocados schälen, längs halbieren, den Kern entfernen und das Fruchtfleisch in Scheiben schneiden. Mit dem restlichen Zitronensaft beträufeln und mit den Zwiebelringen als Kranz um den marinierten Fisch legen. Sofort servieren.

Lachs mit Koriandersauce

Von der Pazifikküste · Gelingt leicht

Salmon en salsa verde

Zutaten für 4 Portionen:
2 Frühlingszwiebeln
1/8 l Limettensaft, frisch gepreßt
2 Chiles jalapeños (aus der Dose) oder 2 frische scharfe Chilischoten
1 Bund frischer Koriander
5 EL Olivenöl
800 g Lachsfilet (möglichst noch mit Haut, vom Händler in 2 gleichgroße Stücke schneiden lassen)
Fett für die Form

Zubereitungszeit: 30 Min. (+ 40 Min. Garen)

Pro Portion: 2200 kJ/520 kcal

1 Frühlingszwiebeln putzen, waschen und fein hacken. Mit dem Limettensaft (bis auf 1 EL) in eine kleine Schüssel geben. Die Chiles jalapeños entkernen und fein hacken. Vorsicht, sind sehr scharf. Hände nicht in die Nähe der Augen bringen! Den Backofen auf 180° (Gas Stufe 2) vorheizen. Koriander waschen, trockenschütteln, Blättchen fein hacken und mit den Chilistücken in die Schüssel geben. Öl hinzufügen und alles gut mischen.

2 Den Fisch kalt abspülen und trokkentupfen. Die Seite ohne Haut mit dem restlichen Limettensaft beträufeln.

3 Ein Lachsfilet mit der Hautseite nach unten in eine eingefettete feuerfeste Form legen und mit der Hälfte der Sauce bedecken. Das zweite Filet mit der Hautseite nach oben so darauf legen, daß die dicke Seite auf der dünnen liegt und umgekehrt. Die Form in den Backofen (Mitte) schieben und den Fisch 25–30 Min. offen garen.

4 Vor dem Servieren die obere Haut entfernen, das doppelte Lachsfilet quer in Portionsstücke schneiden und auf vorgewärmten Tellern anrichten. Dazu paßt Reis.

Red Snapper mit Orangen

Von der Pazifikküste · Gelingt leicht

Huachinango de naranjas

Zutaten für 4 Portionen:
1 kg Red Snapperfilet (ersatzweise Rotbarschfilet, Sie können auch den ganzen Fisch verwenden und anschließend filetieren)
Saft von 1 Limette · Salz
schwarzer Pfeffer, frisch gemahlen
2 EL Butter · 1 kleine Zwiebel
3 Knoblauchzehen
3/8 l Orangensaft, frisch gepreßt
1 Prise Zimt
1 Bund frischer Koriander (ersatzweise glatte Petersilie)
1 unbehandelte Orange

Zubereitungszeit: 30 Min. (+ 30 Min. Garen)
Pro Portion: 1500 kJ/360 kcal

1 Backofen auf 180° (Gas Stufe 2) vorheizen. Den Fisch kalt abspülen, trockentupfen, mit Limettensaft beträufeln, salzen und pfeffern. Eine große Auflaufform mit 1 EL Butter einpinseln und die Filets oder den ganzen Fisch hineinlegen.

2 Zwiebel schälen und sehr fein hacken. Die restliche Butter in einer Kasserolle erhitzen, die Zwiebelwürfel darin bei schwacher Hitze weich dünsten. Den Knoblauch schälen und dazupressen. Mit Orangensaft ablöschen, Zimt dazugeben, Sauce mit Salz und Pfeffer würzen und etwa 3 Min. im offenen Topf köcheln lassen.

3 Die heiße Orangensauce über den Fisch gießen und diesen in der offenen Form im Backofen (Mitte) 25–30 Min. garen.

4 Den Koriander waschen, trockenschütteln, die Blättchen abzupfen und die Hälfte fein hacken. Die Orange gründlich mit heißem Wasser abwaschen, dann in ganz dünne Scheiben schneiden. Die Form aus dem Ofen nehmen, ganze Fische herausnehmen, filetieren und wieder hineingeben. Den Fisch mit gehacktem Koriander bestreuen. Mit Orangenscheiben garnieren, diese wiederum mit den ganzen Korianderblättchen bestreuen.

Marinierter Fisch

Aus Guerrero · Braucht etwas Zeit

Pescado en escabeche

Zutaten für 4–6 Portionen:
Für die Gewürzpaste:
3 EL Achiotepulver (s. Info. S. 105)
2 EL Orangensaft · 1 EL Weinessig

Für die weitere Zubereitung:
1 TL Olivenöl · 2 Knoblauchzehen
100 ml Orangensaft
100 ml Weinessig
200 ml Geflügelbrühe (Fertigprodukt)
2 TL Zucker · 4 Lorbeerblätter
1 kg Fischfilets oder Fischsteaks (z.B. Heilbutt, Schwertfisch, Red Snapper)
Öl zum Braten · 250 g rote Zwiebeln

Zubereitungszeit: 40 Min. (+ 8 Std. Marinieren)
Bei 6 Portionen pro Portion: 900 kJ/210 kcal

1 Für die Gewürzpaste das Achiotepulver mit Orangensaft und Essig zu einer dicken Paste verrühren.

2 Olivenöl erhitzen. Knoblauch schälen und dazupressen. 2 EL von der Gewürzpaste dazugeben und alles unter Rühren bei schwacher Hitze kurz andünsten. Nach und nach Orangensaft, Essig, Brühe, Zucker und Lorbeer dazugeben, einmal aufkochen lassen, dann die Sauce beiseite stellen.

3 Fischfilets portionsweise in einer großen Pfanne in reichlich Öl von beiden Seiten je 5–7 Min. bei mittlerer Hitze braten, bis die Filets leicht gebräunt sind.

4 Die Fischstücke nebeneinander in eine flache Form legen. Zwiebeln schälen, in feine Ringe schneiden und auf dem Fisch verteilen. Die Marinade darüber geben und alles zugedeckt im Kühlschrank etwa 8 Std. marinieren.

Tip! Die restliche Gewürzpaste läßt sich im Kühlschrank aufbewahren und auch für Grillfleisch verwenden. Den marinierten Fisch mit eingelegten Chiles poblanos, Paprikastreifen, frischen Spinatblättern und Koriander anrichten.

Jakobsmuscheln mit Paprika

Aus Campeche · Gelingt leicht

Veiras en salsa rojo

Zutaten für 4 Portionen:
2 große rote Paprikaschoten
3 Knoblauchzehen
1 frische mittelscharfe Chilischote
2 EL Öl · Salz
Saft von ½ Limette
2 EL Crème double
600 g Jakobsmuscheln, ohne Schale und Corail
1 Bund frischer Koriander (ersatzweise glatte Petersilie)
Nach Belieben: halbierte Limettenscheiben zum Garnieren

Zubereitungszeit: 50 Min.

Pro Portion: 820 kJ/200 kcal

1 Backofen auf 250° (Gas Stufe 5) vorheizen. Dann die Paprikaschoten für etwa 20 Min. auf den Rost (Mitte) legen.

2 Inzwischen den Knoblauch schälen. Chilischote aufschlitzen, entkernen, ausspülen und kleinschneiden. Vorsicht, Hände nicht in die Nähe der Augen bringen! 1 EL Öl in einer Kasserolle erhitzen, den Knoblauch darin andünsten und die Chilistücke dazugeben.

3 Die Paprikaschoten herausnehmen, etwas abkühlen lassen, häuten, entkernen, in Streifen schneiden, in die Kasserolle geben und etwa 5 Min. mitdünsten. Dann alles im Mixer pürieren und wieder in den Topf füllen. Mit Salz würzen, den Limettensaft und die Crème double unterrühren, kurz aufkochen und bei sehr schwacher Hitze warm halten.

4 Das restliche Öl in einer Pfanne erhitzen, die Jakobsmuscheln bei mittlerer Hitze 4–5 Min. garen und leicht salzen.

5 Inzwischen den Koriander waschen, trockenschütteln, bis auf einige Blättchen fein hacken und in die Sauce rühren. Die Sauce auf vier vorgewärmten Tellern verteilen und die Jakobsmuscheln darauf anrichten, mit Korianderblättchen und nach Belieben mit halbierten Limettenscheiben garnieren.

Mexikanische Garnelen

Vom Golf von Mexiko · Gelingt leicht

Camarones a la Mexicana

Zutaten für 4 Portionen:
1 große Zwiebel · 4 EL Öl
3 Knoblauchzehen
600 g Fleischtomaten
1 frische mittelscharfe Chilischote
Salz
schwarzer Pfeffer, frisch gemahlen
1 Lorbeerblatt
½ TL getrockneter Thymian
1 Bund frischer Koriander (ersatzweise glatte Petersilie)
8–16 rohe Garnelen, ungeschält und ohne Kopf (je etwa 30 g)
Limettensaft zum Beträufeln

Zubereitungszeit: 40 Min.

Pro Portion: 740 kJ/180 kcal

1 Zwiebel schälen und fein hacken. 2 EL Öl in einer Pfanne erhitzen und die Zwiebel darin andünsten. Knoblauch schälen und dazudrücken.

2 Tomaten überbrühen, häuten, entkernen und vom Stielansatz befreien. Fruchtfleisch klein hacken. Chilischote längs aufschlitzen, entkernen, waschen, in schmale Streifen schneiden. Vorsicht, Hände nicht in die Nähe der Augen bringen! Chilistreifen mit den Tomaten in die Pfanne geben, mit Salz und Pfeffer würzen.

3 Lorbeerblatt und Thymian dazugeben. Alles etwa 10 Min. offen köcheln, bis fast die ganze Flüssigkeit verdampft ist. Lorbeerblatt entfernen. Koriander waschen, trockenschütteln und die Blättchen fein hacken.

4 Garnelen aus der Schale lösen, am Rücken entlang aufschlitzen und den schwarzen Darm entfernen. Mit Limettensaft beträufeln. In einer zweiten Pfanne im restlichen Öl 5–6 Min. bei starker Hitze braten, dabei einmal wenden.

5 Tomatensauce auf vier Teller verteilen. Garnelen darauf legen, noch einen Kleks Sauce auf die Garnelen geben und mit Koriander bestreuen.

Schwertfisch

Von Baja California · Gelingt leicht

Pez espada

Zutaten für 4 Portionen:
4 Frühlingszwiebeln
1 Bund frischer Koriander (ersatzweise glatte Petersilie)
500 g Fleischtomaten
Saft von 1 Limette
3 EL Olivenöl
Salz
schwarzer Pfeffer, frisch gemahlen
Öl für die Form
4 Schwertfischsteaks (je etwa 180 g)

Zubereitungszeit: 40 Min.

Pro Portion: 1200 kJ/290 kcal

1 Frühlingszwiebeln putzen, waschen und in schmale Ringe schneiden. Koriander abbrausen, trockenschütteln und die Blättchen fein hacken.

2 Fleischtomaten überbrühen, häuten, quer halbieren, entkernen und vom Stielansatz befreien. Das Fruchtfleisch klein würfeln. Den Backofen auf 200° (Gas Stufe 3) vorheizen.

3 Die Frühlingszwiebeln mit Koriander, Tomatenwürfeln, Limettensaft und Olivenöl in einer Schüssel mischen, mit Salz und Pfeffer würzen. Eine Auflaufform mit Öl auspinseln.

4 Die Schwertfischsteaks kalt abspülen, trockentupfen, salzen, pfeffern und nebeneinander in die Form legen. Die Gemüsemischung gleichmäßig auf dem Fisch verteilen und diesen im Backofen (Mitte) 10–15 Min. garen.

Variante: Sie können auch 4 mittelgroße gehäutete Tomaten in Scheiben schneiden und auf 4 große Stücke Alufolie verteilen. Darauf je 1 Schwertfischsteak legen und mit gehacktem Knoblauch und etwas Koriander bestreuen. Das Ganze dann mit Öl beträufeln, einpacken und bei 200° (Gas Stufe 4) 15–20 Min. im Ofen (Mitte) garen.

Fischgratin mit Mandelsauce

Aus Acapulco · Gelingt leicht

Robalo en salsa de almendras

Zutaten für 4 Portionen:
4 Seebarschfilets (je etwa 200 g)
Saft von 1 Zitrone
Salz
schwarzer Pfeffer, frisch gemahlen
100 g Mandeln, ungeschält
1 Knoblauchzehe
1 frische mittelscharfe Chilischote
6 EL Crème fraîche · 2 EL Öl
Fett für die Form
100 g Queso fresco (ersatzweise Feta-Schafkäse)
Nach Belieben: kleingehackter Koriander und halbierte Zitronenachtel zum Garnieren

Zubereitungszeit: 50 Min.

Pro Portion: 2500 kJ/600 kcal

1 Fischfilets kalt abspülen und trockentupfen. Fischfilets mit Zitronensaft beidseitig beträufeln, salzen, pfeffern und zugedeckt im Kühlschrank etwa 30 Min. ziehen lassen.

2 Inzwischen Mandeln überbrühen und aus den braunen Häutchen drücken. Den Knoblauch schälen. Chilischote entkernen und waschen. Vorsicht, Hände nicht in die Nähe der Augen bringen! Zusammen mit Mandeln, Knoblauch und Crème fraîche im Mixer oder mit dem Pürierstab pürieren. Das Püree mit Salz und Pfeffer abschmecken.

3 Den Backofen auf 200° (Gas Stufe 3) vorheizen. Öl in einer Pfanne erhitzen und den Fisch darin bei mittlerer Hitze etwa 2 Min. beidseitig anbraten. Eine Auflaufform ausfetten und die Fischscheiben hineinlegen.

4 Die Mandelsauce gleichmäßig darauf verteilen. Den Käse auf der Gemüsereibe direkt darüber raspeln. Die Form in den Backofen (Mitte) stellen und den Fisch etwa 10 Min. garen, bis der Käse leicht zu schmelzen beginnt und leicht bräunt. Nach Belieben mit Koriander sowie mit Zitrone garnieren.

Sauza
EXTRA
HECHO EN MEXICO

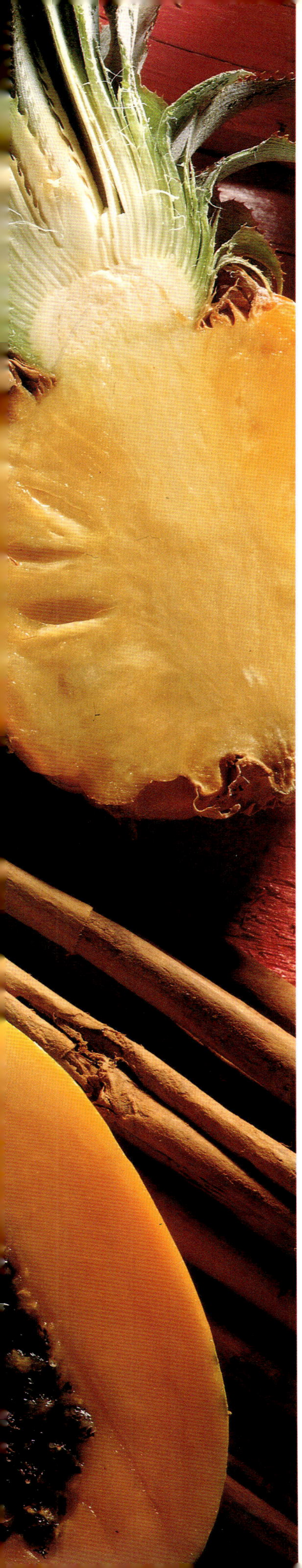

DESSERTS, GEBÄCK & GETRÄNKE

Aromatische Papayas und Mangos, saftige Ananas, Melonen, Bananen, Zitrusfrüchte, Kokosnüsse und andere Früchte genossen die Indianer schon in vorspanischer Zeit als Nachtisch. Noch heute ißt man Früchte gerne nach dem Essen, aber nicht nur pur wie damals, sondern auch als erfrischendes Fruchteis, Nieves genannt, als Fruchtpaste, kandiert und als phantasievolle Desserts zubereitet. Die Spanier brachten Rezepte für ihre traditionellen Süßspeisen mit, die aus viel Eigelb und Zucker in Klosterküchen zubereitet wurden. Der Rompope, ein dickflüssiger Eierlikör, kommt aus einem Kloster in Puebla. Ihn gießt man über Puddings oder Früchte oder trinkt ihn pur wie den Licor de café, den Kaffeelikör, zum Abschluß eines Essens. Zu frischgebackenem Pan dulce, süßem Brot, oder Kuchen wird Café de olla, der Kaffee aus dem Tontopf, oder heiße Schokolade getrunken. Sie war lange nur Privilegierten vorbehalten, da Kakaobohnen als Geschenk der Götter galten. An Feiertagen werden besondere Spezialitäten gebacken, wie zum Dreikönigsfest der Rosca de reyes, ein Kranz aus Hefeteig. Und zum Totensonntag das Pan de muertos, das Brot der Toten, das mit Totenkopf und Knochen garniert und mit Zucker bestreut wird.

Kokosnußdessert

Aus Puebla · Etwas schwieriger

Cocada

Zutaten für 4 Portionen:
1 kleine Kokosnuß
¼ l Milch
⅛ l Sahne
120 g Zucker
4 Eigelb
6 cl weißer Rum
Fett für die Form
1 TL Zimt, gemahlen
50 g Mandelhälften, geschält

Zubereitungszeit: 1 Std
(+ 25 Min. Garen
+ 1 Std. Abkühlen)

Pro Portion: 2200 kJ/520 kcal

1 Die Augen der Kokosnuß mit einem Korkenzieher durchbohren, den Saft in einen kleinen Topf gießen. Die Kokosnuß in ein Handtuch wickeln und mit einem Hammer die Schale zerschlagen.

2 Das Fruchtfleisch aus der Schale lösen und die dünne braune Haut mit einem scharfen Messer oder Sparschäler entfernen. Das Fruchtfleisch kurz kalt abspülen, trocknen und auf einer Gemüsereibe nicht zu fein raspeln.

3 Milch und Sahne zu der Kokosmilch in den Topf gießen und langsam aufkochen. Die Kokosraspel untermischen und zugedeckt etwa 25 Min. bei schwacher Hitze köcheln lassen, dabei gelegentlich umrühren. Den Topf vom Herd nehmen und den Inhalt etwas abkühlen lassen. Den Backofen auf 250° (Gas Stufe 5) vorheizen.

4 Eigelb mit Rum verrühren und unter die Kokosmischung rühren. Bei schwacher Hitze so lange köcheln, bis die Masse dicklich wird, dabei immer wieder umrühren.

5 Eine feuerfeste Form einfetten, die Kokosmasse einfüllen und glattstreichen. Mit Zimt bestreuen und die Mandeln dekorativ darauf verteilen. Für etwa 10 Min. in den Backofen (obere Schiene) stellen, bis die Oberfläche gebräunt ist.

6 Das Dessert etwas abkühlen lassen, in kleine Vierecke schneiden und noch lauwarm oder gekühlt servieren.

Tip! Wenn es schneller gehen soll, können Sie auch 250–300 g fertige Kokosraspeln wie beschrieben verarbeiten. Sie brauchen außerdem ⅛–¼ l fertige Kokosmilch.

Mandelmilchpudding

Aus Morelos · Braucht etwas Zeit

Flan de almendras

Zutaten für 4–6 Personen:
225 g Zucker
300 ml Milch
200 ml Sahne
100 g Mandeln, geschält und feingemahlen
6 Eier

Zubereitungszeit: 1 Std. (+ 12 Std. Kühlen)

Bei 6 Portionen pro Portion: 2000 kJ/480 kcal

1 Backofen auf 180° (Gas Stufe 2) vorheizen. In einer Kasserolle 175 g vom Zucker mit 1 EL Wasser bei mittlerer Hitze unter Rühren schmelzen, bis ein hellbrauner Karamel entstanden ist. Den Karamel in eine Auflaufform oder Ringform gießen und die Form schwenken, so daß der Boden und möglichst auch die Wände davon überzogen sind.

2 Milch und Sahne in einem kleinen Topf erhitzen. Den restlichen Zucker dazugeben und bei schwacher Hitze rühren, bis er sich ganz aufgelöst hat. Den Topf vom Herd nehmen und die Mandeln einrühren.

3 Eier in einer Schüssel verquirlen und 4 EL von der Mandelmilch dazugeben. Dann die Eiermasse mit einem Schneebesen gründlich unter die Mandelmilch rühren. Die Mischung in die vorbereitete Auflaufform gießen.

4 Die Form in die Fettpfanne des Backofens (Mitte) stellen und etwa 3 cm hoch kochendes Wasser in die Fettpfanne gießen. Den Flan im heißen Wasserbad etwa 40 Min. garen. Falls die Oberfläche zu dunkel wird, mit Alufolie abdecken.

5 Die Form aus dem Wasserbad nehmen und den Pudding sehr gut abkühlen lassen. Für etwa 3 Std., am besten über Nacht, in den Kühlschrank stellen. Dann mit einem scharfen Messer den Flan vom Formrand lösen (die Form eventuell kurz in heißes Wasser tauchen). Den Pudding auf eine Platte stürzen und servieren.

Mangos mit Kaffeelikör

Aus Colima · Braucht etwas Zeit

Mangos con licor de café

Zutaten für ¾ l, für 4 Portionen:
Für den Likör:
1½ Zimtstangen (etwa 8 und 4 cm)
150 g brauner Zucker
5 EL Kaffee, frisch gemahlen
1 TL Vanillezucker
6 Eigelb
⅛ l H-Milch (frische hält nicht so lange)
5 EL H-Sahne
¼ l Rum (54%)

Für die weitere Zubereitung:
2 mittelgroße reife Mangos
⅛ l Sahne

Zubereitungszeit: 1 Std. (+ 3 Std. Kühlen)

Pro Portion: 1800 kJ/430 kcal

1 ¼ l Wasser mit den Zimtstangen und 50 g Zucker in einem Topf aufkochen und etwa 5 Min. zugedeckt bei mittlerer Hitze köcheln. Den Kaffee dazugeben und aufkochen. Den Topf vom Herd nehmen, den Sud etwa 5 Min. ziehen lassen, dann durch ein feines Sieb gießen und abkühlen lassen.

2 Inzwischen den restlichen Zucker im Mixer staubfein mahlen. Dann mit Vanillezucker in einer Metallschüssel mischen. Eigelb dazugeben und mit den Schneebesen des Handrührers zu einer cremigen Masse schlagen.

3 Die Schüssel in ein Wasserbad stellen und bei schwacher Hitze so lange weiterschlagen, bis die Masse dick wird. Die Schüssel aus dem Wasserbad nehmen und Milch, Sahne, Rum und zuletzt den abgekühlten Kaffee-Zimt-Sud untermischen.

4 Den Kaffeelikör in eine heiß ausgespülte Flasche füllen, verschließen. Abkühlen und im Kühlschrank 2–3 Std. durchziehen lassen.

5 Mangos schälen und das Fruchtfleisch rund um den Kern in Spalten abschneiden. Sahne steif schlagen.

6 Mangospalten dekorativ auf 4 Teller legen. Mit dem Kaffeelikör begießen und einen Klecks Schlagsahne daneben setzen.

Info: Der Likör ist bis zu 6 Monaten im Kühlschrank haltbar und schmeckt auch mit Eis oder Pudding und natürlich »pur« sehr gut.

MAYA

Allerheiligenbrot

Ganz Mexiko · Braucht etwas Zeit

Pan de muertos

Zutaten für 1 Laib, etwa 8–12 Stück:
6 EL Milch · 70 g Zucker
30 g Butter · ½ TL Salz
1 TL Anissamen
1 Prise Muskat, frisch gerieben
1 Würfel Hefe (ersatzweise 1 Päckchen Trockenhefe)
2 Ei · 1 Eigelb
420–450 g Mehl · 2 TL Zucker
½ TL Zimt, gemahlen

Zubereitungszeit: 30 Min.
(+ 2 Std. Gehen lassen + 30 Min. Backen)

Bei 12 Stücken pro Stück:
830 kJ/200 kcal

1 Milch erwärmen. Zucker, Butter in Flocken, Salz, Anis und Muskat dazugeben, etwas abkühlen lassen. Hefe in eine Schüssel bröckeln, mit 6 EL lauwarmem Wasser verrühren und etwa 5 Min. zugedeckt gehen lassen. Die Milchmischung mit 1 Ei, 1 Eigelb und 400 g Mehl dazugeben. Mit den Knethaken des Handrührers zu einem geschmeidigen Teig verarbeiten und etwa 1½ Std. zugedeckt gehen lassen.

2 Teig mit bemehlten Händen kräftig kneten, falls er zu weich ist, mehr Mehl unterarbeiten. Etwas Teig abnehmen, beiseite legen. Backblech fetten. Teig zu einem runden Laib formen und aufs Blech setzen.

3 Aus restlichem Teig Tränen und längliche Knochen formen, auf dem Blech weitere 30 Min. gehen lassen.

4 Backofen auf 200° (Gas Stufe 3) vorheizen. Das Eiweiß verquirlen und das Brot damit bestreichen. Knochen und die Tränen an der Unterseite mit Eiweiß einpinseln. Je zwei Knochen in Kreuzform und die Tränen auf das Brot setzen und etwas andrücken.

5 Im Ofen (Mitte) 30–35 Min. goldbraun backen. Werden die Verzierungen zu dunkel, Alufolie auflegen. Das Brot auskühlen lassen. Dann Zucker mit Zimt mischen und auf das Brot streuen.

Brotauflauf mit Nüssen

Aus Sinaloa · Gelingt leicht

Capirotada

Zutaten für 6–8 Portionen:
Für den Sirup:
125 g Zucker · 1 TL Zimt, gemahlen
⅛ l Milch
Für den Auflauf:
70 g Butter
12–15 Scheiben Kastenweißbrot
Fett für die Form
100 g Walnußkerne, gehackt
100 g Erdnüsse, ohne Schale, ungesalzen
100 g Rosinen
300 g Mozzarella (2 Kugeln)

Zubereitungszeit: 40 Min.
(+ 40 Min. Backen)

Bei 8 Portionen pro Portion:
2200 kJ/520 kcal

1 ¼ l Wasser mit Zucker in einem kleinen Topf in etwa 20 Min. bei mittlerer Hitze unter Rühren zu Sirup kochen. Dann Zimt und Milch dazugeben und den Topf beiseite stellen.

2 Backofen auf 250° (Gas Stufe 5) vorheizen. Butter schmelzen und mit der Hälfte ein Backblech einpinseln. Weißbrotscheiben darauf verteilen und mit der übrigen Butter beträufeln. Im Backofen (Mitte) etwa 10 Min. goldgelb rösten, dabei einmal wenden.

3 Die Hitze auf 175° (Gas Stufe 2) reduzieren. Eine feuerfeste Form einfetten, die Hälfte der Brotscheiben hineinlegen und mit einem Drittel des Sirups beträufeln.

4 Walnüsse mit Erdnüssen und Rosinen mischen. Mozzarella in kleine Würfel schneiden. Jeweils die Hälfte der Nußmischung und die Hälfte der Käsewürfel auf die Brotscheiben streuen.

5 Die restlichen Brotscheiben darauf legen. Mit dem restlichen Sirup beträufeln und wieder mit Nußmischung und Käsewürfeln bedecken. Den Auflauf im Backofen (Mitte) 35–40 Min. backen, bis die Oberfläche knusprig ist. Den Brotauflauf frisch aus dem Ofen oder kalt servieren.

Info: Dieser Auflauf wird in der Fastenzeit gegessen. Jede Region Mexikos hat ihre eigene Variante.

Vergoldete Ananas

Aus Puebla · Etwas schwieriger

Piña dorada

Zutaten für 4 Portionen:
1 große reife Ananas
2 EL brauner Zucker
50 g Butter
2 EL Rum
200 ml Sahne
2 EL Zucker
1 Ei
1 Eigelb
2 EL Speisestärke
1 TL Vanillezucker
1 Prise Salz
Nach Belieben: ein paar Minzeblättchen zum Garnieren

Zubereitungszeit: 45 Min.

Pro Portion: 1900 kJ/450 kcal

1 Backofen auf 200° (Gas Stufe 3) vorheizen. Ananas kalt abspülen und trocknen. Das obere Drittel als Deckel abschneiden. Das Fruchtfleisch an der Schale entlang mit einem scharfen Messer lösen.

2 Mit einem Löffel oder einem Kugelausstecher herausnehmen, dabei aufpassen, daß die Schale nicht beschädigt wird.

3 Das Fruchtfleisch kleinschneiden und dabei den inneren, holzigen Strunk entfernen.

4 Die Ananasstücke in eine Schüssel füllen. Braunen Zucker, Butter in kleinen Würfeln und Rum dazugeben und alles gut mischen. Die ausgehöhlte Ananas damit füllen und in eine feuerfeste Form setzen. Für etwa 30 Min. in den Backofen (untere Schiene) stellen.

5 Inzwischen Sahne mit Zucker, Ei und dem Eigelb in einen kleinen Topf geben. Speisestärke mit etwas kaltem Wasser anrühren und mit Vanillezucker und Salz dazugeben. Alles unter ständigem Rühren langsam erhitzen und so lange bei schwacher Hitze köcheln, bis die Sauce dick geworden ist. Den Topf vom Herd nehmen und die Sauce abkühlen lassen.

6 Die Ananas aus dem Backofen nehmen, mit etwas Sauce begießen und servieren. Den Rest der Sauce getrennt dazu reichen. Nach Belieben ein paar Minzeblätter über Ananas und Sauce streuen.

Tip! Sie sollten die Ananas, falls möglich, mit einer Hibiskusblüte garnieren. Man kann auch vier Mini-Ananas so zubereiten, das sieht besonders schön aus.

Dreikönigskranz

Ganz Mexiko · Braucht etwas Zeit

Rosco de reyes

Zutaten für 6–8 Portionen:
500 g Mehl
½ Würfel Hefe (etwa 20 g, ersatzweise ½ Päckchen Trockenhefe)
4 EL Zucker · 100 g Butter
3 Eier · 3 Eigelb
abgeriebene Schale von ½ unbehandelten Zitrone
Salz
50 g Zitronat, kleingewürfelt
100 g kandierte Früchte, kleingewürfelt
Fett für das Blech

Zubereitungszeit: 30 Min. (+ 50 Min. Gehen lassen + 30 Min. Backen)

Bei 8 Portionen pro Portion: 1900 kJ/450 kcal

1 Mehl in eine Schüssel sieben und in die Mitte eine Mulde drücken. Hefe zerbröckeln, mit 2 EL Zucker und 4 EL warmem Wasser anrühren und in die Mulde gießen. Zugedeckt etwa 20 Min. gehen lassen.

2 Butter bei schwacher Hitze schmelzen. Eier und 2 Eigelb mit der Butter, der Zitronenschale und 1 Prise Salz verrühren und zur Hefe in die Schüssel geben. Alles mit den Knethaken des Handrührers zu einem geschmeidigen Teig verarbeiten.

3 Das Zitronat und die kandierten Früchte dazugeben und unterkneten. Den Backofen auf 180° (Gas Stufe 2) vorheizen. Ein Backblech einfetten. Den Teig nochmals durchkneten, zum Kranz formen, auf das Backblech setzen und zugedeckt etwa 30 Min. gehen lassen.

4 Das restliche Eigelb verrühren und den Kranz damit bestreichen. Im Backofen (Mitte) etwa 30 Min. backen. Auf einem Gitter auskühlen lassen und nach Belieben mit dem restlichen Zucker bestreuen.

Info: Dieser Kranz wird am 6. Januar gegessen. Oft wird eine kleine Puppe von unten in den fertigen Kuchen gedrückt. Wer das Püppchen erwischt, muß am 2. Februar, an Lichtmeß, eine Party geben.

Mandelplätzchen

Aus Puebla · Braucht etwas Zeit

Polverones de almendras

Zutaten für etwa 50 Stück:
350 g Butter oder Schweineschmalz
200 g Puderzucker
1 Eigelb
1 TL Bourbon-Vanille, gemahlen
100 g Mandeln, geschält und feingemahlen
1 Prise Salz
400 g Mehl
Fett für das Backblech

Zubereitungszeit: 40 Min.
(+ 1½ Std. Backen)

Pro Stück: 460 kJ/110 kcal

1 Butter oder Schweineschmalz weich werden lassen und mit den Schneebesen des Handrührers schaumig schlagen. Nach und nach 2 TL Puderzucker, Eigelb, Vanille, Mandeln, Salz und Mehl unterarbeiten.

2 Backofen auf 150° (Gas Stufe 1) vorheizen. Ein Backblech einfetten. Aus dem Teig walnußgroße Kugeln formen (zwischendurch immer wieder die Hände kalt abspülen). Die Kugeln im Abstand von etwa 2 cm auf das Blech setzen.

3 Das Blech in den Backofen (Mitte) schieben und etwa 45 Min. backen, die Plätzchen sollten hell bleiben.

4 Die Plätzchen auf ein Kuchengitter setzen und nicht ganz auskühlen lassen. Den restlichen Puderzucker auf einen Teller sieben, die Plätzchen darin wälzen, wieder auf das Gitter setzen und nochmals dick mit Puderzucker besieben, damit sie eine schneeweiße Schicht haben. Dann ein zweites Backblech vorbereiten und den Vorgang wiederholen.

Schichtspeise mit Früchten

Aus Puebla · Braucht etwas Zeit

Ante de frutas

Zutaten für 6–8 Portionen, für eine Backform von 25 x 32 cm:
Für den Biskuit:
8 Eier · 125 g Zucker
150 g Speisestärke
50 g feines Maismehl
1 EL Backpulver · 125 g Butter
abgeriebene Schale von 1 unbehandelten Zitrone
Fett und Mehl für die Form
Für den Sirup:
150 g brauner Zucker
1 Stück Zimtstange (etwa 4 cm)
200 ml Sherry medium
Für die Fruchtcreme:
750 g Pfirsiche
250 g Mandeln, geschält
6 EL Honig · 8 Blatt weiße Gelatine
Nach Belieben: Zitronenblätter zum Dekorieren

Zubereitungszeit: 1½ Std.
(+ 25 Min. Backen + 1 Std. Kühlen)

Bei 8 Portionen pro Portion:
2900 kJ/690 kcal

1 Backofen auf 190° (Gas Stufe 2) vorheizen. Eier trennen. Eigelb mit Zucker cremig rühren. Eiweiß steif schlagen, auf die Eigelbcreme geben. Speisestärke, Maismehl und Backpulver mischen und darauf sieben. Alles vorsichtig mischen. In einem Topf Butter schmelzen. Flüssige Butter und Zitronenschale unterheben.

2 Backform einfetten, mit Mehl einstäuben und die Masse einfüllen. Im Backofen (Mitte) etwa 25 Min. backen. Biskuit aus der Form stürzen und auf einem Kuchengitter auskühlen lassen.

3 200 ml Wasser mit Zucker und Zimtstange etwa 10 Min. kochen, durch ein Sieb gießen und Sherry unterrühren. Pfirsiche heiß überbrühen, häuten, halbieren und entsteinen. Etwa 25 Mandeln beiseite legen, die restlichen mit den Pfirsichen und dem Honig im Mixer oder mit dem Pürierstab pürieren.

4 Gelatine nach Anleitung quellen lassen. Fruchtpüree erhitzen, Gelatine ausdrücken, unterrühren und auflösen. Im Kühlschrank in etwa 30 Min. gelieren lassen.

5 Biskuit waagerecht halbieren, die Schnittflächen mit Sirup beträufeln. Eine Hälfte des Biskuits mit ½ der Fruchtmasse bestreichen. Die zweite Biskuitplatte darauf setzen und die restliche Fruchtmasse darauf verteilen. Die Schichtspeise in 6–8 Stücke teilen. Die Mandeln halbieren und als »Margariten« auf die Oberfläche jedes Stücks setzen. Den Fruchtbiskuit für mindestens 1 Std. kalt stellen. Dann servieren. Als Dekoration nach Belieben 2–3 Zitronenblätter auf den Teller legen.

Info: Maismehl können Sie im Reformhaus kaufen.

Tip! Die Schichtspeise können Sie auch mit Aprikosen oder anderen Früchten der Saison zubereiten.

Bananen mit heißer Ananas

Aus Michoacán · Geht schnell

Platanos con piña

Zutaten für 4 Portionen:
1 kleinere frische Ananas
50 g Butter · 2 EL Zucker
6 cl weißer Rum
4 kleine Bananen
Saft von 1 Zitrone
Schokoladenraspel zum Verzieren

Zubereitungszeit: 45 Min.

Pro Portion: 1100 kJ/260 kcal

1 Die Ananas vom Schopf befreien und großzügig schälen. Die Frucht vierteln und den inneren, festen Strunk herausschneiden. Die Ananasviertel nochmals längs halbieren und in kleinere Stücke schneiden.

2 Die Butter in einer Pfanne bei schwacher Hitze schmelzen. Den Zukker unterrühren und auflösen. Die Ananasstücke dazugeben, mit Rum begießen und etwa 5 Min. dünsten, dabei öfters umrühren.

3 Die Bananen schälen, längs halbieren und auf vier Teller legen. Mit Zitronensaft beträufeln, damit sie sich nicht verfärben. Die warme Ananas samt Sauce auf den Bananen verteilen, mit Schokoladenraspeln bestreuen und mit ein paar Blättern aus dem Schopf der Ananas verzieren.

Gefüllte Orangen

Aus Nuevo Léon · Gelingt leicht

Naranjas rellenos

Zutaten für 4 Portionen:
4 große Navel-Orangen
etwa 1/8 l Weißwein
50 g Zucker
6 Blatt weiße Gelatine
1 Ei
8 Kirschen und Minzeblättchen zum Garnieren

Zubereitungszeit: 40 Min. (+ 2½ Std. Kühlen)

Pro Portion: 940 kJ/220 kcal

1 Die Orangen quer halbieren und vorsichtig auspressen. Dann die Fruchthäutchen mit einem Teelöffel aus der Schale kratzen. Die Schalenhälften beiseite stellen.

2 Den Orangensaft abmessen und mit Weißwein auf ½ l auffüllen. Zucker unterrühren und den Saft in einem Topf erhitzen, aber nicht kochen lassen.

3 Gelatine nach Vorschrift einweichen, quellen lassen, ausdrücken. Mit dem Schneebesen in den heißen Saft einrühren, bis sie sich aufgelöst hat. Den Topf vom Herd nehmen und die Flüssigkeit abkühlen lassen.

4 Das Ei trennen. Das Eigelb mit dem Schneebesen in die lauwarme Orangenflüssigkeit schlagen. Etwas abgekühlt 20–30 Min. in den Kühlschrank stellen, bis die Masse anfängt zu gelieren. Dann das Eiweiß steif schlagen und unter das Gelee ziehen.

5 Das Fruchtgelee in die Orangenhälften füllen und im Kühlschrank in etwa 2 Std. fest werden lassen. Jeweils mit 1 Kirsche und einigen Minzeblättchen garniert servieren.

Eierlikör mit Fruchtsalat

Aus Puebla · Gelingt leicht

Rompope

Zutaten für 1 l Eierlikör, für etwa 4–6 Portionen:
1 l Milch
150 g Zucker
1 Vanilleschote
6 Nelken
75 g Mandeln, frisch gemahlen
12 Eigelb
1/4 l Rum (54%)
Nach Belieben:
1 Papaya, 1 Mango, 1 mittelgroße Ananas, 1/2 Netzmelone

Zubereitungszeit: 1 Std.

Bei 6 Portionen pro Portion: 2500 kJ/600 kcal

1 Milch mit Zucker, Vanilleschote, Nelken und Mandeln in einen Topf geben, aufkochen und etwa 5 Min. bei schwacher Hitze köcheln lassen. Vom Herd nehmen und etwa 10 Min. ziehen lassen, dabei ab und zu umrühren, damit sich keine Haut bildet. Die Vanilleschote und die Nelken herausfischen und wegwerfen.

2 Eigelb mit dem Handrührgerät hell und dickschaumig schlagen. Langsam 1/8 l der vorbereiteten Milch dazugießen und unterrühren.

3 Die Eiermischung nach und nach in die Mandelmilch rühren. Die Flüssigkeit bei mittlerer Hitze oder im Wasserbad unter ständigem Rühren mit einem Holzlöffel erwärmen, bis sie eindickt und leicht den Löffel überzieht. Nicht kochen lassen, denn sonst flocken die Eier aus!

4 Den Topf vom Herd ziehen und den Rum unterrühren. In saubere Flaschen füllen, verschließen und abkühlen lassen. Papaya, Mango und Ananas schälen und in kleinere Stücke schneiden. Melone entkernen, mit Eisportionierer Kugeln ausstechen. Die Früchte mischen und mit Eierlikör begießen.

Info: Rompope kann pur als Getränk oder als Sauce zu Fruchtsalat, Eis oder Pudding serviert werden. Pur wird er aus kleinen Gläsern getrunken und mit etwas geriebenem Muskat bestreut. Er ist etwa 2 Wochen im Kühlschrank haltbar.

Wichtiger Hinweis: Bitte verwenden Sie nur ganz frische Eier von freilaufenden Hühnern, um das Salmonellenrisiko zu verringern.

Café de olla

Ganz Mexiko · Geht schnell

Kaffee im Tontopf

Zutaten für 4 Portionen:
1 Zimtstange (etwa 8 cm)
3 Nelken
100 g Piloncillo (ersatzweise normaler brauner Zucker)
1 TL abgeriebene Schale von 1 unbehandelten Orange
8 EL Kaffee, grob gemahlen

Zubereitungszeit: 15 Min.
Pro Portion: 420 kJ/100 kcal

1 In einem kleinen Topf ¾ l Wasser mit Zimtstange und Nelken aufkochen und etwa 10 Min. köcheln lassen.

2 Zucker und Orangenschale dazugeben und so lange weiterköcheln, bis sich der Zucker ganz aufgelöst hat. Den Kaffee einstreuen, weitere 3 Min. köcheln, dann den Topf beiseite stellen und zugedeckt ziehen lassen, bis sich der Kaffee gesetzt hat, dann durch ein Sieb gießen und servieren.

Info: Den Piloncillozucker gibt es im Spezialitätengeschäft zu kaufen.

Heiße Schokolade

Ganz Mexiko · Gelingt leicht

Champurrado

Zutaten für 4 Portionen:
80 g Masa (aus dem Spezialitätengeschäft)
50 g Piloncillo (ersatzweise normaler brauner Zucker)
1 ganze Zimtstange (etwa 8 cm)
200 g Blockschokolade oder Zartbitterschokolade

Zubereitungszeit: 25 Min.
Pro Portion: 1600 kJ/380 kcal

1 Die Masa mit 1 l Wasser verrühren, bis sie sich ganz aufgelöst hat. Dann durch ein Sieb gießen und mit Zucker und Zimtstange unter ständigem Rühren bei mittlerer Hitze köcheln lassen.

2 Die Schokolade auf einer Reibe fein reiben, unter das Masawasser mischen und rühren, bis sich die Schokoladenraspel aufgelöst haben. Gleich heiß servieren.

Info: Man kann auch in Scheiben gepreßte Schokolade im Spezialitätengeschäft kaufen. Wenn Sie keine Masa zur Verfügung haben, können Sie auch ¼ l Sahne mit ¾ l Wasser mischen oder 1 l Milch nehmen, das weicht aber vom Originalrezept ab.

Fruchtgetränk

Ganz Mexiko · Geht schnell

Aqua fresca

Zutaten für 1 l, für 4 Portionen:
1 Cantaloupe-Melone (ersatzweise Netzmelone)
3–4 EL Zucker · Saft von 1 Zitrone
½ l eiskaltes Mineralwasser ohne Kohlensäure · Eiswürfel

Zubereitungszeit: 15 Min.
Pro Portion: 740 kJ/180 kcal

1 Melone erst halbieren, dann vierteln und schließlich achteln. Die Kerne entfernen und das Fruchtfleisch aus der Schale schneiden, dann grob würfeln.

2 Melonenwürfel mit Zucker und Zitronensaft in den Mixer geben und alles gut durchmixen.

3 Das Melonenmus in einen Krug füllen, das Mineralwasser dazugießen und mit einigen Eiswürfeln mischen. Sofort servieren.

Tip! Diese Art von Fruchtsaftgetränk kann man mit vielen Obstsorten zubereiten, z. B. mit Kiwis und Erdbeeren.

CERVECERIA MODELO

Sangría

Ganz Mexiko · Gelingt leicht

Frucht-Wein-Punsch

Zutaten für 4–6 Gläser:
Saft von 3 Limetten
Saft von 3 Orangen
¾ l trockener Rotwein
4 cl Orangenlikör
3–5 EL Zucker, je nach Geschmack
1 unbehandelte Orange
2 Pfirsiche · ½ frische Ananas

Zubereitungszeit: 20 Min.
(+ 1 Std. Kühlen)
Bei 6 Gläsern pro Glas:
790 kJ/190 kcal

1 Limetten- und Orangensaft mit Rotwein, Orangenlikör und Zucker in einen Krug oder ein Bowlengefäß füllen und gut durchrühren.

2 Die Orange unter heißem Wasser gut abspülen, trockenreiben, in dünne Scheiben schneiden, halbieren und dazugeben. Die Pfirsiche waschen, entkernen und in kleine Würfel schneiden. Die Ananas schälen und ebenfalls kleinschneiden. Ananas und Pfirsich in das Bowlengefäß geben.

3 Das Getränk zugedeckt mindestens 1 Std. im Kühlschrank durchziehen lassen. Erst dann servieren.

Info: Dieses erfrischende Getränk wurde aus Spanien in die Neue Welt gebracht und ist seit damals in ganz Mexiko beliebt.

Tip! Sie können die Sangria auch mit Eiswürfeln servieren.

Margarita

Aus Jalisco · Gelingt leicht

Tequila-Cocktail

Zutaten für 4 Gläser:
Saft von 3 Limetten · 16 cl Tequila
4 cl Orangenlikör
Salz für die Glasränder
8 EL zerstoßenes Eis

Zubereitungszeit: 10 Min.
Pro Glas: 440 kJ/100 kcal

1 Limettensaft mit Tequila und Orangenlikör in einem Shaker oder im Mixer mixen.

2 Das Salz aus der Tüte auf einen Teller schütten. Die Gläser auf den Kopf stellen. Die umgedrehten Cocktailgläser mit dem Rand kurz in Wasser, dann in Salz tauchen, so daß ein knapp ½ cm breiter Salzrand entsteht.

3 Das zerstoßene Eis in die Gläser füllen und die Cocktailmischung darüber gießen.

Sangrita

Ganz Mexiko · Ziemlich scharf

Tomaten-Orangen-Getränk

Zutaten für ½ l, für 4 Gläser:
2 Orangen · 1 Limette
¼ l Tomatensaft
1 Prise Cayennepfeffer
4 Frühlingszwiebeln

Zubereitungszeit: 10 Min.
Pro Glas: 65 kJ/15 kcal

1 Die beiden Orangen und die Limette auspressen und den Saft in einen Krug füllen. Den Saft dann mit Tomatensaft verrühren und mit Cayennepfeffer kräftig würzen.

2 Frühlingszwiebeln putzen, waschen und etwa 4–5 cm von dem Grün daranlassen. Die Sangrita in Gläser füllen und je 1 Frühlingszwiebel in das Glas stecken.

Tip! Eiswürfel in die Gläser füllen und die Sangrita darüber gießen.

Typische Menüzusammenstellungen

In Mexiko sind die Essenszeiten ähnlich wie in Spanien, was wahrscheinlich ein Erbe der Eroberer ist. Es gibt grundsätzlich mehrere kleine Mahlzeiten am Tag. Das Desayuno, das frühe Frühstück, so zwischen 5 und 7 Uhr, kann einfach nur aus einem frischen Fruchtsaft oder Kaffee und Brot bestehen. Das üppige zweite Frühstück, Almuerzo, das zwischen 9 und 11 Uhr eingenommen wird, würde man bei uns schon eher als Brunch bezeichnen. In Mexiko heißt es: »El que da las energias para el dia«, das, welches die Energie für den ganzen Tag gibt. Genau das tut es wohl, denn es gibt Eiergerichte in jeder Form, Bohnen, Tortillas, Chilaquiles oder Enchiladas. Das Mittagessen, die Comida, ab 14.30 Uhr, besteht aus einer flüssigen Suppe oder einer Sopa seca, einem Hauptgang aus Fisch oder Fleisch, einem Salat oder Gemüse und einem Dessert sowie einem Kaffee als Abschluß. Zwischen 18 und 19 Uhr trifft sich die Familie zu Hause bei Kaffee, Tee oder heißer Schokolade, Gebäck oder Kuchen zur Merienda. Manchmal gibt es dann abends nur noch ein kleines, leichtes Gericht, manchmal auch ein ganzes Menü wie am Mittag. Die Mexikaner lieben es auszugehen, und so findet das Abendessen, Cena genannt, mit Freunden, Geschäftspartnern oder der Familie oft außer Haus statt. Die üppige Version beginnt mit einem Tequila oder einer Margarita, dazu werden Botanas geknabbert, das können Mandeln, krosse Schweineschwarten oder Oliven sein. Dann kommen die Antojitos, die Appetithäppchen, das sind kleine Gerichte, und natürlich Tortillas in allen Variationen. Daran schließt sich ein mehrgängiges Menü an.

Noch ein Wort zur beliebten Tex-mex-Küche, zu der beispielsweise Chili con carne oder gefüllte Taco Shells gehören. Sie sind zwar sehr gut, haben aber mit der traditionellen original-mexikanischen Küche nichts zu tun, weshalb wir die Rezepte auch nicht in dieses Buch aufgenommen haben.

Als Dessert haben wir ab und zu frisches Obst und Eis vorgeschlagen. Da Sie diese Vorschläge nicht im Buch finden, sind sie mit einem * gekennzeichnet. Das gilt auch für Beilagen wie frisches Brot oder für einen Getränketip wie z. B. Tequila.

Kleine, schnelle Menüs

Avocadosalat 41
Mexikanische Garnelen 114
Bananen mit heißer Ananas 130

Kaktusblätter-Salat 44
Hühnerbrust mit Walnuß 98
Gebackene Banane *

Maisgratin 84
Koteletts mit Bohnen 93
Vanilleeis mit Früchten *

Maiscremesuppe 67
Filetspitzen 97
Gefüllte Orangen 132

Menüs, gut vorzubereiten

Kartoffelsuppe mit Ei 64
Gefüllte Paprikaschoten 78
Brotauflauf mit Nüssen 125

Tomatensalat 42
Fleisch mit Früchten 93
Mandelplätzchen 129

Tintenfischsalat mit Bohnen 45
Grüner Reis (Variante) 83
Puter mit Molesauce 100
Grüne Bohnen mit Limetten 87
Schichtspeise mit Früchten 130

Linsensuppe mit Ananas 67
Avocadosalat 41
Marinierter Fisch 113
Hähnchen mit Ananas 103
Kokosnußdessert 120

Roher marinierter Fisch 110
Tostadas mit Hähnchen 32
Kalte Avocadosuppe 70
Chili-Kaninchen 98
Schichtspeise mit Früchten 130

Guacamole mit Tortilla-Chips 57
Marinierter Fisch 113
Schwarze-Bohnen-Suppe 68
Granatapfelreis 83
Filet mit Erdnüssen 97
Bananen mit heißer Ananas 130

Vegetarische Menüs

Avocadosalat 41
Burritos mit Gemüsefüllung 31
Maisgratin 84
Kokosnußdessert 120

Ananas-Papaya-Salat 42
Pilzsuppe 64
Gefüllte Zucchiniblüten 51
Mandelmilchpudding 122

Kaktusblättersalat 44
Mexikanische Rühreier 48
Geschmorte Chayote 75
Süßkartoffeln mit Tequila 76
Gefüllte Orangen 132

Kartoffelsuppe mit Ei 64
Gefüllte Paprikaschoten 78
Zucchini mit Mais 74
Brotauflauf mit Nüssen 125

Menüs für heiße Tage

Kalte Avocadosuppe 70
Granatapfelreis 83
Red Snapper Veracruz-Art 108
Grüne Bohnen mit Limetten 87
Mangos mit Kaffeelikör 123

Maiscremesuppe 67
Roher marinierter Fisch 110
Mexikanischer Reis 83
Hähnchen mit Ananas 103
Avocadosalat 41
Gefüllte Orangen 132

Tacos mit Fleischfüllung 29
Zucchini mit Mais 74
Red Snapper mit Orangen 112
Frische Ananas mit Vanilleeis *

Deftige Menüs für kalte Tage

Tostadas mit Hähnchen 32
Chorizo-Suppe 61
Schweineragout mit Kapern 94
Geschmorte Chayote 75

Enchiladas mit Käse 31
Pilzsuppe 64
Schwertfisch 117
Guacamole mit Blumenkohl 57
Mandelmilchpudding 122

Käse-Quesadillas (Variante) 36
Bohneneintopf 60
Frische Mangos *

Rote Chilaquiles 37
Fischsuppe Veracruz-Art 63
Fleisch mit Früchten 93
Fruchtsalat *

Picknick Ideen

Marinierter Truthahn 104
Schweinefleisch-Tamales 34
Avocadosalat 41
Tomatensalat 42
Fischsalat 46
Würstchen in Maisblättern 49
Guacamole mit Tortilla-Chips 57
Ananas-Papaya-Salat 42
Maisgratin (schmeckt auch kalt) 84
Mandelplätzchen 129
Frisches Obst, z.B. Melone *

Mexikanische Fiestas bei Ihnen zu Hause

In Mexiko wird immer irgendwo, irgendetwas gefeiert. Hier ein paar Ideen, die sich problemlos nachvollziehen lassen: Ob Sie zu einem Menü, zum Brunch oder zu einer temperamentvollen Tortillaparty einladen, sicher werden Ihre Gäste begeistert sein. Als Tischdecken können Sie sich Plastikfolien in den mexikanischen Landesfarben (grün, weiß, rot) im Dekogeschäft besorgen. Viele kleine Kakteen mit Teelichten dazwischen sind eine einfache, aber wirkungsvolle Dekoration. Wenn dann noch Mariachimusik für Stimmung sorgt, kann gar nichts mehr schiefgehen.

Mexikanischer Brunch

Exotische Fruchtplatte *
(Ananas, Papayas, Mangos, Bananen geschält, aufgeschnitten und dekorativ vielleicht auf einem Palmblatt angerichtet)
Avocadosalat 41
Fischsalat 46
Mexikanische Rühreier 48
Guacamole mit Tortilla-Chips 57
Würstchen in Maisblättern 49
Mandelmilchpudding 122
Mais- oder Weizen-Tortillas, am besten warm 26 und 28
Café de olla 134
Heiße Schokolade 134
Tee und frisch gepreßte Fruchtsäfte *
Frisches Brot *

Tortillaparty

Zur Begrüßung könnten Sie eine »Margarita« oder einen Tequila, ganz typisch mit Salz und Zitrone, reichen. Dann einfach jede Menge Tortillas vorbereiten, dazu viele verschiedene Füllungen und Salsas. So kann jeder Gast sich selbst zusammenstellen, was er am liebsten ißt, und natürlich nach Herzenslust variieren. Dann noch etwas Süßes zum Abschluß und eventuell eine deftige Suppe zu später Stunde. Als Getränk paßt Bier am besten, mexikanisches ist auch bei uns inzwischen zu bekommen. Mexikanischen Wein gibt's dagegen selten.

Tintenfischsalat mit Bohnen 45
Tomatensalat 42
Mais- oder Weizen-Tortillas 26 und 28
Rindfleischfüllung (im Rezept für Tacos mit Fleischfüllung) 29
Gemüsefüllung (im Rezept für Burritos mit Gemüsefüllung) 31
Hähnchenfüllung (im Rezept für Tostadas mit Hähnchen) 32
Gebratenes Bohnenpüree 80
Guacamole 57
Rote-Bohnen-Sauce 54
Kokosnußdessert 120
Eierlikör mit Fruchtsalat 133

Mexikanisches Buffet

Ananas-Papaya-Salat 42
Fischsalat 46
Tomatensalat 42
Kaktusblätter-Salat 44
Kalte Avocadosuppe 70
Marinierter Truthahn 104
Roher marinierter Fisch 110
Marinierter Fisch 113
Süßkartoffeln mit Tequila 76
Grüne Bohnen mit Limetten 87
Würstchen in Maisblättern 49
Mandelplätzchen 129
Brotauflauf mit Nüssen 125
Kokosnußdessert 120
Mangos mit Kaffeelikör 123
Fruchtsalat *
Guacamole 57
Avocadosalat 41
Tintenfischsalat mit Bohnen 45
Fischsalat 46
Dazu Tortillas 26 und 28 oder frisches Brot *

Festmenüs

Ostermenü

Da die meisten Mexikaner streng gläubige Katholiken sind, wird in der Osterwoche kein Fleisch gegessen. Gefeiert wird immer im großen Kreis mit Familie und Freunden.
Burritos mit Gemüsefüllung 31
Enchiladas mit Käse 31
Rote-Bohnen-Sauce 54
Gekochte Chilisauce 54
Tomatensalat 42
Fischsalat 46
Maiscremesuppe 67
Granatapfelreis 83
Jakobsmuscheln mit Paprika 114
Mexikanische Garnelen 114
Schichtspeise mit Früchten 130
Eierlikör mit Fruchtsalat 133
Café de olla 134

Am 15. September feiert Mexiko seine Unabhängigkeit natürlich mit großem Essen

Fruchtgetränk 134 und Tequila *
Hühnersuppe mit Avocado 63
Mexikanischer Reis 83
Grüner Reis (Variante) 83
Tomatensalat 42
Stockfisch 109
Fleisch mit Früchten 93

Weihnachtsmenü

Guacamole mit Tortilla-Chips 57
Maiscremesuppe 67
Stockfisch auf Tampico-Art 109
Mexikanische Garnelen 114
Grüne Bohnen mit Limetten 87
Granatapfelreis 83
Puter mit Molesauce 100
Eierlikör mit oder ohne Fruchtsalat 133
Mandelplätzchen 129

Glossar

Achiote: Das ist der Samen des tropischen Orleanstrauches. Die Samen müssen in Wasser gekocht werden und ergeben dann einen Farbstoff, der die Speisen knallgelb bis rötlich färbt. Man kocht überwiegend auf der Halbinsel Yucatan damit. Achiote ist als Pulver fertig zu kaufen. Im Notfall ist es durch Safran oder mildes rotes Paprikapulver ersetzbar.

Agave: Der Saft des Strunks wird vergoren und ist die Basis für Tequila.

Almandras: Mandeln. Sie sind die Samen der pfirsichartigen Früchte des Mandelbaumes, der im warmen Klima Mexikos gedeiht. Gemahlen, gehackt oder im Ganzen werden sie gerne in Desserts verwendet.

Almuerzo: Üppiges zweites Frühstück, zu dem deftige Gerichte wie Eier, Bohnenpüree, Bohnen etc. gegessen werden.

Ananas: → Piña

Ante: Üppige Süßspeise aus Teig und Sirup.

Antojitos: Wörtlich übersetzt heißt das »kleine Gelüste«. Gemeint sind die vielen kleinen Snacks wie Tortillas und alle Varianten davon, die es in Mexiko sowohl an Straßenständen als auch in Luxusrestaurants gibt.

Arroz: Reis. Er gehört fast täglich auf den Speisezettel und wird als Sopa seca, trockene Suppe, vor dem Hauptgang in den unterschiedlichsten Variationen gereicht.

Atole: Aus Maisteig, »Masa«, und Wasser, Fruchtpürees, Kräutern und diversen Geschmackszutaten bestehendes Getränk indianischen Ursprungs.

Avocado: Sie kommt ursprünglich aus Mexiko und wird in vielen Gerichten verwendet. Achten Sie beim Einkauf auf die richtige Reife. Noch sehr harte Avocados reifen, in Zeitungspapier gepackt, bei Zimmertemperatur schnell nach. Schon reife Früchte kann man im Gemüsefach aufbewahren. Das empfindliche Fruchtfleisch immer gleich nach dem Schälen mit Zitronensaft beträufeln, dann verfärbt es sich nicht so schnell.

Botanos: Dies sind kleine Knabbereien, Mandeln, Chips oder Oliven bis hin zu Tamales und alle Varianten von Tortillas. Botanos werden immer zu einem Getränk serviert.

Budìn: Eine Art Pudding, man könnte das Gericht auch als Gratin bezeichnen.

Burritos: Gefüllte Tortillas.

Cacahuates: Erdnüsse. Sie werden geröstet und gesalzen zum Aperitif gegessen, aber auch oft in Gerichten gemahlen als Sauce verwendet.

Café: Kaffee. Die Kaffeepflanze wurde erst Anfang des 19. Jh. nach Mexiko gebracht. Sie wird seither in den Küstenregionen angepflanzt, wobei etwa 60% des Ertrags exportiert werden. In den Städten gehört ein Kaffee nach dem Mittagessen zur Eßkultur. Auf dem Land wird oft → Café de olla serviert.

Café de olla: Kaffee mit Zimt und Pilancillo-Zucker.

Calabacitas: Zucchini. Sie sind beliebt als Gemüse. Die Blüten davon werden gerne in Suppen, Saucen oder gefüllt gegessen. Sie werden »Flor de Calabaza« genannt.

Camote: Die Süßkartoffel, auch Batate genannt, ist in Mittel- und Südamerika beheimatet Bataten sind Pflanzen, deren Wurzelstöcke sich zu kartoffelartigen Knollen verdicken. Diese mal rundlichen, mal länglichen, an einem Ende spitz zulaufenden Knollen haben eine rötliche Rinde und hellgelbes bis dunkeloranges Fleisch. Die Süßkartoffel ist nicht mit der Kartoffel verwandt, wie der Name fälschlicherweise schließen läßt.

Canela: Zimt ist die getrocknete, eingerollte Zweigrinde des Zimtbaumes, der vorwiegend auf Sri Lanka angebaut wird. In der mexikanischen Küche wird er als Stange und gemahlen in herzhaften Gerichten, Desserts und Getränken verwendet.

Cena: Ausgiebiges warmes Abendessen, das aus mehreren Gängen besteht.

Ceviche: Roher Fisch oder rohe Meeresfrüchte, mit viel Limettensaft mariniert und kalt serviert, sehr erfrischend an heißen Tagen.

Charales: Kleine weiße oder fast transparente Fische, die üblicherweise getrocknet angeboten werden.

Chayote: Eine hellgelbe bis grünschalige, bauchige Kürbisart, deren Aroma an Zucchini erinnert. Damit kann man dieses Gemüse gut ersetzen.

Chicharron: Gewürzte Schweinehaut, die in Stücke geschnitten, getrocknet und gebraten wird, bis sie knusprig und kross ist. Sie ist beliebt zum Knabbern mit Drinks. Sie wird aber auch oft in Chilisauce gekocht, als Füllung in Tacos oder nur als Garnitur verwendet.

Chile, Chilischote: Ganz typisch für die mexikanische Küche sind die Chilischoten. Sie geben den Gerichten ihren charakteristischen Geschmack. Im südlichen Zentralmexiko wurden sie schon seit 6000 v.Chr. angebaut und zählen somit zu den ältesten in Mexiko beheimateten Kulturpflanzen. Es gibt nur wenige der vielfältigen Sorten bei uns, doch das Angebot an getrockneten oder eingelegten Chiles reicht aus, um Originalrezepte nachzukochen. Frische Chilischoten können durch italienische oder türkische, die mittelscharf sind, oder durch schärfere asiatische ersetzt werden. Wenn Sie gerne sehr scharf essen, dann lassen Sie einfach die Kerne, in denen die Schärfe vorwiegend enthalten ist, in den Schoten. Wenn es milder werden soll, entfernt man sie. Dabei sollten Sie aber möglichst Gummihandschuhe tragen, da die Chilischoten so scharf sind, daß die Haut und vor allem die Augen schmerzhaft brennen, wenn sie mit den Kernchen in Berührung kommen. Hier eine kleine Auswahl der gebräuchlichsten Sorten:

Chile ancho: Er ist eine getrocknete, dunkelrote Chile-poblano-Variante. Er gilt in Mexiko als eher mild, für den europäischen Geschmack ist er aber immer noch sehr scharf. Er wird gerne in Molesaucen verwendet. Bei uns wird er auch in der Dose angeboten.

Chile chipotle: Eine Jalapeño-Chilischote, die getrocknet und geräuchert wird. Vorsicht, nur in kleinen Mengen verwenden, denn er ist sehr scharf.

Chile guajillo: Er ist lang, schmal, rot und ziemlich scharf. Er wird getrocknet verwendet und dann entweder vor der Verarbeitung eingeweicht oder im getrockneten Zustand geröstet und fein gemahlen.

Chile güero: Er wird auch der »blonde« Chile genannt, er ist hellgrün und eher mild. Er wird nur frisch verwendet und kann durch eine milde türkische Chilischote ersetzt werden.

Chile jalapeño: Dies ist die gebräuchlichste Sorte. Scharf, kegelförmig und grün sowie rot, wird er frisch oder eingelegt verwendet. Er ist in Europa häufig nur in Dosen zu bekommen. Er läßt sich durch frische scharfe Chilischoten ersetzen.

Chile pasilla: Es gibt ihn frisch und getrocknet zu kaufen. Frisch ist er dunkelbraun und getrocknet fast schwarz. Er ist sehr würzig, aber nicht scharf und gibt Saucen und anderen Gerichten Aroma und Farbe.

Chile piquin: Er ist klein, rot, sehr scharf und bei uns nur getrocknet erhältlich. Er kann gemahlen statt Cayennepfeffer verwendet werden.

Chile poblano: Er gleicht einer kleinen grünen Paprikaschote. Er ist mild und wird zum Füllen und als Gemüse verwendet. Bei uns ist er in der Dose zu bekommen oder durch Paprika ersetzbar.

Chile serrano: Er ist ziemlich scharf und hat eine dunkelgrüne, längliche Schote. Er wird frisch verwendet, kleingeschnitten in Saucen und Gemüsen. Leider ist er in Europa kaum frisch zu bekommen.

Chorizo: Eine würzige Paprikawurst aus Schweinefleisch, eigentlich eine spanische Spezialität, ein Erbe der Eroberer.

Cilantro: Koriander, den es inzwischen auch bei uns schon auf Märkten oder in asiatischen Spezialitätenläden zu kaufen gibt, ist in der mexikanischen Küche unentbehrlich. Man kann Koriander ganz einfach im Topf selbst ziehen. Sein unverwechselbarer Geschmack gibt vielen Gerichten ihre typische Note. Man kann es getrocknet kaufen, doch ist frische glatte Petersilie als Ersatz besser. S. 69

Coliflor: Blumenkohl.

Comal: Eine Tonplatte, auf der auf traditionelle Art Tortillas gebacken werden.

Comida: Mittagessen, das in Mexiko am frühen Nachmittag eingenommen wird. Es ist eine wichtige Mahlzeit des Tages, die aus mehreren Gängen besteht.

Crema und Jocoque: Zwei Arten dicker cremiger Sahne, die bei uns durch Crème double oder Crème fraîche zu ersetzen sind.

Desajuno: Erstes Frühstück aus Kaffee oder Tee mit süßem Gebäck oder Keksen.

Epazote: Ein mexikanisches Teekraut, das in vielen Gerichten vorkommt. Es kann durch Zitronenmelisse ersetzt werden.

Frijoles: Trockenbohnen, die es in Mexiko in den unterschiedlichsten Varianten gibt. Ganz typisch ist das Bohnenpüree.

Guayaba: Guave; sie kommt ursprünglich aus dem tropischen Amerika. Sie ähnelt in der Form einer Birne, ist jedoch runder und kleiner. Sie hat einen hohen Vitamingehalt und wird in Mexiko gerne für Kompotte und Marmeladen verwendet.

Huachinango: Er heißt auch Red Snapper oder Zackenbarsch. In Mexiko kommt der Fisch von der Golfküste und wird auf unterschiedlichste Arten zubereitet.

Jitomate: Das sind die ganz normalen roten Tomaten. Es werden in der mexikanischen Küche aber auch grüne verwendet, die »Tomatillo« genannt werden. S. 58

Koriander → Cilantro S. 69

Limette: Sie ist klein, grün und saftiger als die Zitrone. Bei uns bekommt man sie in Feinkostläden. Sie können sie aber durch Zitrone ersetzen. S. 46

Machaca: Luftgetrocknetes Rindfleisch, mit Bündner Fleisch vergleichbar. Diese Spezialität gibt es nur in Mexiko.

Maiz: Mais. Er wird schon seit Tausenden von Jahren in Mexiko angebaut und ist auch heute noch das wichtigste Grund-nahrungsmittel. Maiskolben oder -körner werden frisch und in der Dose angeboten. Das spezielle Maismehl »Masa harina« gibt es nur im Spezialitätengeschäft. Normales Maismehl können Sie ersatzweise in jedem Reformhaus kaufen.

Mandeln → Almendras

Mango: Die vitaminreiche Frucht mit knallgelbem saftigem Fruchtfleisch ist inzwischen auch in Europa sehr bekannt und in jedem Gemüseladen oder Supermarkt zu bekommen. Sie wird roh gegessen oder als Dessert verarbeitet.

Manteca de cerdo: Ausgelassenes Schweineschmalz, das man leicht selbst herstellen kann. Das typische Aroma ist für manche Gerichte sehr wichtig. Manteca de cerdo ist ein Erbe der spanischen Eroberer.

Margarita: Berühmter Tequila-Coctail aus Limettensaft, Tequila und Orangenlikör. Der Rand der Cocktailgläser muß kurz in Wasser getaucht werden, dann tupft man ihn in eine mit Salz gefüllte Schale. Das nicht haftende Salz wird durch leichtes Klopfen am Glas entfernt. Die Margarita wird mit zerstoßenem Eis serviert.

Masa: Das ist der Maisteig, aus dem Tortillas hergestellt werden, aber auch Tamales und Atole. Für die Masa werden die getrockneten Maiskörner in Kalkwasser eingeweicht, geschält, gemahlen und erneut getrocknet. Das Mehl wird mit Salz und Wasser gemischt, bis ein dicker Teig entsteht. Masa gibt es in Europa nur in Spezialitätengeschäften.

Merienda: Leichte Zwischenmahlzeit.

Mole: Eine dicke, warme, gewürzte Sauce. Es gibt sehr viele Varianten, die bekannteste ist Mole poblano mit Schokolade.

Nopales: Das sind die Blätter des Feigenkaktus, die zu Gemüse und Salat verarbeitet werden. Sie schmecken ähnlich wie grüne Bohnen. Bei uns sind sie in der Dose oder im Glas in Spezialitätengeschäften zu kaufen.

Papaya: Die vitaminreiche tropische Frucht mit gelblich bis rötlichem Fruchtfleisch wird in Salaten und einfach so gegessen. Bei uns ist sie in Feinkostläden oder guten Supermärkten zu bekommen.

Pepitas: Kürbiskerne, die geschält und ungeschält gemahlen, z. B. in Moles, verwendet werden.

Piloncillo: Brauner, unraffinierter Zukker, der gepreßt wird und einen würzigen Geschmack hat. Er ist für Café de olla unerläßlich. In Europa ist er nur schwer zu bekommen, aber gut durch braunen Zucker zu ersetzen.

Piña: Ananas wird in Mexiko schon zum Frühstück gegessen, aber auch in Salaten, Fleischgerichten, zu Geflügel und natürlich zum Dessert. Die an Pinienzapfen erinnernden Früchte (daher haben sie auch ihren mexikanischen Namen) werden in großen Plantagen in Mexiko angebaut. Das Fleisch der Ananas enthält viele wichtige Mineralstoffe und Vitamine. Sie sollten trotzdem nie zuviel vom Fruchtfleisch auf einmal essen, denn der hohe Gehalt an Fettsäuren reizt schnell Mundhöhle und Schleimhäute.

Platano: Auch Kochbanane genannt, hat weniger Aroma als die Banane. Man kann sie durch noch nicht ganz reife Bananen ersetzen.

Pulque: Vergorener, leicht alkoholhaltiger Most aus dem Saft der Agave, den es nur in Mexiko gibt. Für Europäer ist der Geschmack sehr ungewöhnlich.

Queso anejo: Ein sehr trockener, älterer Käse, der gerieben verwendet wird und sich durch Parmesan ersetzen läßt.

Queso asadero: Ein milder Ziegenkäse, den man aber in Europa nicht bekommt. Als Ersatz eignet sich Mozzarella.

Queso Chihuahua: Milder Käse, den es in Europa nicht zu kaufen gibt. Als Ersatz eignen sich Gouda und Cheddar.

Queso fresco: Krümeliger Frischkäse, der gerne auf Tacos, in Suppen oder auf Gemüse gestreut wird. Er ist durch griechischen Schafkäse gut zu ersetzen.

Queso Panela: Krümeliger Frischkäse. Auch er ist wie die meisten mexikanischen Käsesorten in Europa nicht erhältlich. Sie können ihn durch Mozzarella ersetzen.

Reis: → Arroz

Salsa: Sauce. Wird zu fast allen Gerichten gereicht.

Sangría: Berühmter erfrischender Frucht-Wein-Punsch, der im Sommer eiskalt besonders gut schmeckt.

Sangrita: Ein köstliches, wenn auch ziemlich scharfes Getränk aus Tomaten- und Orangensaft, das kräftig mit Cayennepfeffer gewürzt wird.

Schokolade: In Mexiko wird Kakaopulver mit Zucker, Zimt und manchmal noch anderen Geschmackszutaten gemischt und zu runden Platten in verschiedenen Größen gepreßt. Diese werden dann in Wasser aufgelöst und manchmal noch mit Milch gemischt.

Sopa seca: Trockene Suppe. Als trockene Suppe wird in Mexiko der Gang zwischen Vorspeise und Hauptgericht bezeichnet. Die Sopa seca besteht meist aus Reis, kann aber auch ein Nudelgericht sein.

Süßkartoffel: → Camote

Tacos: Gefüllte und zusammengerollte Tortillas.

Tamales: Aus Masa, Fett und anderen Zutaten wird ein Teig hergestellt, der portionsweise in Bananen- oder Maisblätter gewickelt und im Dampf gegart wird. Tamales gibt es süß und salzig, sie werden meistens zu festlichen Anlässen serviert. In Europa können Sie Maisblätter in Spezialitätengeschäften kaufen, ansonsten können Sie Alufolie verwenden.

Tejote: Eine populäre Frucht in Mexiko, die im Aussehen und Geschmack einem kleinen goldgelben Apfel gleicht.

Tequila: Berühmter Agavenschnaps, der durch Destillation des Saftes aus dem Strunk bestimmter Agavenarten gewonnen wird. Er ist in gut sortierten Supermärkten oder in Feinkostläden zu bekommen. Getrunken wird Tequila mit Salz und Zitrone. Dabei gibt man etwas Salz in die Kuhle zwischen Daumen und Zeigefinger, beißt in die Zitrone, leckt das Salz und trinkt dann den Tequila.

Tequila Sunrise: Berühmter Cocktail aus Tequila, Zitronen- und Orangensaft, in den zum Schluß noch etwas Grenadinesirup gegossen wird.

Tomate: → Jitomate

Tomatillo: Sie sieht aus wie eine kleine grüne Tomate, die mit einer sehr dünnen, pergamentartigen Haut umgeben ist. Tomatillos werden immer frisch und ungeschält verwendet. In Europa kann man sie als Konserve in Spezialgeschäften kaufen.

Tortas: Mexikanische Sandwiches, die mit allem möglichen belegt sind. Sie werden in allen Regionen Mexikos an kleinen Torta-Ständen verkauft.

Tortillas: Gibt es aus Maismehl oder Weizenmehl. Man kann sie selbst herstellen oder in Spezialitätenläden oder -abteilungen bereits fertig kaufen. Wenn man sie selbst herstellt, empfiehlt es sich, gleich mehrere zu machen und sie einzufrieren.

Tostada: Gebratene Tortilla, die wie ein Teller für Speisen verwendet wird.

Vainilla: Vanille. Sie wurde zuerst von den Bewohnern Mexikos und Zentralamerikas kultiviert. Sie wird im Süden Mexikos angebaut. Ihr Aroma ist für viele Desserts unerläßlich.

Zimt: → Canela

Zucchini: → Calabacitas

Abkürzungen:

TL	=	Teelöffel
EL	=	Eßlöffel
Msp.	=	Messerspitze
kJ	=	Kilojoule
kcal	=	Kilokalorie

Rezept- und Sachregister

Umschlag-Vorderseite: Das Bild zeigt Enchiladas mit Tomatensauce (Variante S. 31), ein Körbchen mit Mais-Tortillas (S. 26) und kalte Tomatensauce (S. 54).

Die Fotos auf S. 4/5 von links nach rechts im Uhrzeigersinn: Zwei Frauen an einem Marktstand in Yukatán (Bild 1), Pyramide von Uxmal (Bild 2), eine Tänzerin in Tracht bei einem Fest in Mérida (Bild 3), Kakteen auf der Halbinsel Baja California (Bild 4), einen Sonnentänzer auf dem Monte Alban (Bild 5), einen Bauern auf seinem Ochsenkarren in der Nähe von Puebla (Bild 6), die Bucht bei Tulum in Yucatán (Bild 7).
Das Foto auf S. 8/9 zeigt Tänzerinnen auf einem Fest in Oaxaca.
Das Bild auf der Rückseite zeigt eine Gruppe Mariachis, mexikanische Straßenmusikanten, in typischer Tracht.

Julia Fernandez
Die Autorin wurde 1951 in Mexiko City geboren, wo ihre Eltern noch heute ein gutgehendes Familienrestaurant führen. Schon in ihrer Jugend half sie ab und zu im Lokal aus und wurde so früh mit den kulinarischen Spezialitäten ihres Landes vertraut. Ihr Germanistikstudium absolvierte die leidenschaftliche Köchin in ihrem Heimatland und in Deutschland, wo sie ihren Lebenspartner kennenlernte. Frau Fernandez wohnt heute mit ihrer Familie in München. Für unser Buch hat sie traditionelle Rezepte aus ihrer Heimat zusammengestellt.

Michael Brauner, Food Fotografie
Nach Abschluß der Fotoschule in Berlin arbeitete Michael Brauner als Fotoassistent bei namhaften Fotografen in Frankreich und Deutschland und machte sich dann 1984 selbständig. Sein individueller, atmosphärereicher Stil ist überall geschätzt: in der Werbung sowie bei vielen bekannten Verlagen. In seinen Studios in München, Karlsruhe und Gordes (Provence) setzt er die Rezepte vieler Titel der Reihe »Küchen der Welt« stimmungsvoll ins Bild.

Marcus Langer
Der Illustrator wurde 1962 in Paderborn geboren. Nach dem Abitur studierte er Grafik-Design und Illustration an der Fachhochschule Bielefeld. Seit 1988 ist er freiberuflich für Verlage, Presse und Werbung tätig. Herr Langer arbeitet schwerpunktmäßig in einer speziellen Linolschnitttechnik. In seine Arbeit für dieses Buch floß die Begeisterung für Temperament, Musik und Lebensart in Lateinamerika mit ein, wobei Mexiko schon immer eines seiner liebsten Reiseziele war.

Bezugsquellen für mexikanische Lebensmittel: Uns sind folgende Geschäfte bekanntgeworden, die auf Bestellung per Post mexikanische Lebensmittel versenden:
La Tortilla, Inh. Jesús Nevaréz,
Achentalstr. 10, 81671 München,
Tel.: 0 89/40 51 78
Mexiko-Haus, GmbH, Import-Export,
Wichmannstr. 4, 22607 Hamburg,
Tel.: 0 40/89 46 84

Bildnachweis
Titelbild und Rezeptfotos: Michael Brauner, Food Fotografie.
Die Fotografen der Bilder im Inhaltsverzeichnis, des Kapitels »Land und Leute laden ein...« und der Produktinformationen nachstehend in alphabetischer Reihenfolge:
Bildagentur J. Dziemballa, München:
Andreas M. Gross S. 4/5 (Bild 5), 8/9, 10, 11 (2), 12 (2), 15 (unten), 17 (2), 18 (2), 20/21, 22, 23 (2), 84, Rückseitenfoto;
Dr. Janicke S. 13, 14, 19; G. Lahr S. 4/5 (Bild 1, 2, 6), 16
Michael Brauner, Food Fotografie, Karlsruhe: S. 41, 46, 58, 69, 76, 81, 101
Silvestris Fotoservice, Kastl: S. 21
Thomas Stankiewitz: S. 4/5 (Bild 4)
Martin Thomas: S. 4/5 (Bild 3, 7)

Impressum

Redaktion: Dr. Stephanie von Werz-Kovacs und Birgit Rademacker
Lektorat: Angela Hermann
Versuchsküche: Renate Neis
Illustrationen: Marcus Langer
Herstellung: Esta Denroche
Gestaltung: Konstantin Kern
Kartografie: Huber
Reproduktionen, Druck und Bindung: A. Mondadori Editore, Verona

ISBN: 3-7742-1546-4

Auflage 5 4 3 2 1
Jahr 98 97 96 95 94